中華譯學館

莫言題

中華譯學館主旨宗旨

以中華為根 譯與學並重
弘揚優秀文化 促進中外交流
拓展精神疆域 驅動思想創新

丁酉年冬月許鈞撰 羅衛東書

中华译学馆·中华翻译家代表性译文库

许 钧 郭国良 / 总主编

徐光启 卷

黎难秋 / 编

ZHEJIANG UNIVERSITY PRESS
浙江大学出版社

·杭州·

总　序

考察中华文化发展与演变的历史,我们会清楚地看到翻译所起到的特殊作用。梁启超在谈及佛经翻译时曾有过一段很深刻的论述:"凡一民族之文化,其容纳性愈富者,其增展力愈强,此定理也。我民族对于外来文化之容纳性,惟佛学输入时代最能发挥。故不惟思想界生莫大之变化,即文学界亦然。"[①]

今年是五四运动一百周年,以梁启超的这一观点去审视五四运动前后的翻译,我们会有更多的发现。五四运动前后,通过翻译这条开放之路,中国的有识之士得以了解域外的新思潮、新观念,使走出封闭的自我有了可能。在中国,无论是在五四运动这一思想运动中,还是自1978年改革开放以来,翻译活动都显示出了独特的活力。其最重要的意义之一,就在于通过敞开自身,以他者为明镜,进一步解放自己,认识自己,改造自己,丰富自己,恰如周桂笙所言,经由翻译,取人之长,补己之短,收"相互发明之效"[②]。如果打开视野,以历史发展的眼光,

①　梁启超. 翻译文学与佛典//罗新璋. 翻译论集. 北京:商务印书馆,1984:63.
②　陈福康. 中国译学理论史稿. 上海:上海外语教育出版社,1992:162.

从精神深处去探寻五四运动前后的翻译,我们会看到,翻译不是盲目的,而是在自觉地、不断地拓展思想的疆界。根据目前所掌握的资料,我们发现,在 20 世纪初,中国对社会主义思潮有着持续不断的译介,而这种译介活动,对社会主义学说、马克思主义思想在中国的传播及其与中国实践的结合具有重要的意义。在我看来,从社会主义思想的翻译,到马克思主义的译介,再到结合中国的社会和革命实践之后中国共产党的诞生,这是一条思想疆域的拓展之路,更是一条马克思主义与中国革命相结合的创造之路。

开放的精神与创造的力量,构成了我们认识翻译、理解翻译的两个基点。在这个意义上,我们可以说,中国的翻译史,就是一部中外文化交流、互学互鉴的历史,也是一部中外思想不断拓展、不断创新、不断丰富的历史。而在这一历史进程中,一位位伟大的翻译家,不仅仅以他们精心阐释、用心传译的文本为国人打开异域的世界,引入新思想、新观念,更以他们的开放性与先锋性,在中外思想、文化、文学交流史上立下了一个个具有引领价值的精神坐标。

对于翻译之功,我们都知道季羡林先生有过精辟的论述。确实如他所言,中华文化之所以能永葆青春,"翻译之为用大矣哉"。中国历史上的每一次翻译高潮,都会生发社会、文化、思想之变。佛经翻译,深刻影响了国人的精神生活,丰富了中国的语言,也拓宽了中国的文学创作之路,在这方面,鸠摩罗什、玄奘功不可没。西学东渐,开辟了新的思想之路;五四运动前后的翻译,更是在思想、语言、文学、文化各个层面产生了革命性的影响。严复的翻译之于思想、林纾的翻译之于文学的作用无须赘言，而鲁迅作为新文化运动的旗手，其翻译动机、翻译立场、翻译选择和翻译方法，与其文学主张、文化革新思想别无二致，其翻译起着先锋性的作用，引导着广大民众掌握新语言、接受新思想、表达自己的精神诉求。这条道路，是通向民主的道路，也是人民大众借助掌握的新语言创造新文化、新思想的道路。

回望中国的翻译历史，陈望道的《共产党宣言》的翻译，傅雷的文学翻译，朱生豪的莎士比亚戏剧翻译……一位位伟大的翻译家创造了经典，更创造了永恒的精神价值。基于这样的认识，浙江大学中华译学馆为弘扬翻译精神，促进中外文明互学互鉴，郑重推出"中华译学馆·中华翻译家代表性译文库"。以我之见，向伟大的翻译家致敬的最好方式莫过于（重）读他们的经典译文，而弘扬翻译家精神的最好方式也莫过于对其进行研究，通过他们的代表性译文进入其精神世界。鉴于此，"中华译学馆·中华翻译家代表性译文库"有着明确的追求：展现中华翻译家的经典译文，塑造中华翻译家的精神形象，深化翻译之本质的认识。该文库为开放性文库，入选对象系为中外文化交流做出了杰出贡献的翻译家，每位翻译家独立成卷。每卷的内容主要分三大部分：一为学术性导言，梳理翻译家的翻译历程，聚焦其翻译思想、译事特点与翻译贡献，并扼要说明译文遴选的原则；二为代表性译文选编，篇幅较长的摘选其中的部分译文；三为翻译家的译事年表。

需要说明的是，为了更加真实地再现翻译家的翻译历程和语言的发展轨迹,我们选编代表性译文时会尽可能保持其历史风貌,原本译文中有些字词的书写、词语的搭配、语句的表达,也许与今日的要求不尽相同,但保留原貌更有助于读者了解彼时的文化,对于历史文献的存留也有特殊的意义。相信读者朋友能理解我们的用心,乐于读到兼具历史价值与新时代意义的翻译珍本。

许 钧

2019 年夏于浙江大学紫金港校区

目　录

下编 撰 著

导　言

一、生平介绍

1.徐光启出生地与逝后纪念陵园及其后辈二三事

徐光启(1562—1633),字子先,上海人。上海博物馆所藏《徐氏宗谱》、"上海府县旧志丛书"均记载,徐光启出生地为上海县城内的太卿坊徐氏祖宅,今"九间楼"的附近。梁家勉所著《徐光启年谱》,梁家勉原编、李天纲增补的《增补徐光启年谱》亦均从此说,故以为定论。

王启元著文称,上海徐汇区南丹路上的光启公园为徐光启的墓园。徐光启出生地及其祖宅所在地,则在上海县城南,今"九间楼"的附近。而在城南外陆家浜北岸,徐氏有一座别业"双园别墅"。这是他颐享天年的地方,约在今陆家浜路北桑园街一带。两处都曾安顿过传教士郭居静(Lazzaro Cattaneo,1560—1640,号仰凤)等人。徐光启与其子徐骥还曾经建过一片著名的庭园"桃园"作为别业之选,在苏州河北岸近黄浦江处。故有关徐光启的居舍、陵园共五处:(1)徐光启故居、祠堂,今"九间楼"附近,含徐氏宗祠及徐光启与郭居静所建教堂,位于黄浦区。(2)徐光启陵园及土山湾,位于徐汇区。(3)双园别墅,位于虹口区。(4)徐光启与其子徐骥桃园别墅,位于虹口区。(5)阁老坊,位于黄浦区。①

---

① 　王启元. 徐光启的故居到底在哪里?. 文汇报,2019-06-21(W02).

李天纲撰《徐光启学传》称,阁老(指徐光启)墓地和徐氏家族,坐落于肇家浜、法华泾、漕河泾三条重要河流交汇点上,此地原本籍籍无名,当地人便称之为"徐家汇"。①

笔者于 20 世纪 80 年代,为研究徐光启翻译西学之业绩,曾从位于合肥市的中国科学技术大学专程赴上海徐光启著作图书馆调研。该图书馆为徐光启后裔建设管理,地点在上海徐汇区的上海交通大学边上。馆内收藏了许多徐光启后裔收集的徐光启著译及相关著作。当时该馆藏书不予外借,即使在馆阅读也必须是职称在副高以上的科研教学人员,幸亏当时我已是副研究馆员,才得以匆匆地读到并抄录了一些有关徐光启的资料。

据《上海县志》和《徐氏宗谱》记载,徐光启八世孙徐士荣(字志瀛)曾于 1853 年带兵守护上海家园,当时他为上海县最大慈善机构同仁辅元堂的董事之一。徐士荣奋战守堂,以致"衣履沾血成赤,日不一食亦不知饥"。徐士荣后赴浙江履知县职。1861 年,太平军接连攻陷江浙城池,上海形同孤岛,徐士荣闻讯,辞别浙江巡抚晏端书,返回原籍,再次准备誓死保卫家园。时江南督办团练大臣庞仲璐经常上门拜访,李鸿章淮军大营进驻城南后,徐也受到李的器重,得到淮军铭字、春字二营襄助,并与二营统领刘铭传、张遇春缔结兰盟,并肩作战。徐士荣为救济难民散尽家财,最后在贫病交加中去世,终年 43 岁。李鸿章为办地方团练有功者上奏请赏的名单中常出现徐士荣,且每次都位列上海县第一名。同治六年(1867),李鸿章的请赏名单中依然有他:"补用知府浙江候补同知徐士荣,请赏加道衔。"

徐士荣的外孙女倪桂珍生下的子女中,有三个女儿深刻影响了近代中国的形势,这当然是先祖徐光启不曾想到的。宋美龄自然也以徐光启为荣,她曾作《宋母行述》纪念母亲倪桂珍,将倪桂珍之母倪徐氏说成了徐光启的第十六世女孙,后在历史学家张其昀的帮助下,才改为第九代女

---

① 李天纲. 徐光启学传. 上海文化,2015(1):84.

孙。而宋氏三姐妹与宋子文兄弟均为倪桂珍的子女,即徐光启的第十一代后人。

1962 年 11 月,台北光启出版社出版由张其昀题写书名的《徐文定公家书墨迹》,宋美龄在题序中称:"外王母徐太夫人乃文定公第九世女孙。"

1963 年 4 月 24 日,蔡丹治在台湾"中央日报"上刊登《徐文定公家书墨迹》。同年 11 月 8 日,宋美龄为《徐文定公家书墨迹》作序。①

关于徐光启的陵墓,"吴江通"网站记:徐光启墓位于南丹路光启公园内,后子孙多居于此,遂称徐家汇。墓地东有碑廊,刻徐光启画像、明人查继佐撰的传记以及徐光启手稿。原墓地占地 20 亩,共有 10 个墓穴,中为徐光启与其夫人吴氏,左右为四个孙子夫妇。墓前有徐光启半身花岗石雕像,还立有石碑、石人、石马、华表、石牌坊等。石牌坊正中额题"文武元勋",右题"熙朝元辅",左题"王佐儒宗",正中额下题"明故大夫太子太保赠少保太保礼部尚书兼文渊阁大学士徐文定公墓阙"。石碑坊镌有对联,上联"治历明农百世经天纬地",下联"出将入相一臣奋武揆文"。②

2.科举入仕,科学奠基

徐光启祖上数代居沪。其始迁祖徐竹轩为秀才,于宋靖康间自苏州迁至上海定居。家境自曾祖父始多有起落。1553—1557 年,倭寇不断侵扰江南地区,原本殷实的徐家自此中落。徐光启从出生至成婚,家庭一直依靠父亲务农及祖母与母亲纺织维持生计。父亲徐思诚倒也喜爱读书,且强记博识,对徐光启有一定影响。家庭辛勤的农业劳作,使得徐光启终生关注农业的良种与水利。徐光启后来热衷于著译农书,长期从事农业科研并成为出色的农学家,实源于少年时代在农村的艰辛生活。

幼时徐光启常从长辈处听到人民英勇抵抗倭寇的故事,这使他在 13 岁时,便"'读书间及兵传',父思诚'喜言兵,弗禁'。母钱氏独不愿公习

① 王福康,徐小蛮. 徐光启研究著作、论文索引. 中国科技史料,1984,5(2):95-112.
② 参见:http://www.wujiangtong.com/webpages/DetailNews.aspx?id=12098.

此。'检得册中有兵刃图像者,奔藏之'"①。因此,后来徐光启关心与利用西洋炮台技术,提倡训练新兵与军垦屯田,并在负责抵御清兵入关时,显示了充分的军事才能。

万历九年(1581),徐光启20岁时考中了金山卫的秀才。第二年开始,在乡里授课,生活勉强自给。万历二十四年(1596)前,徐光启先后五次参加乡试,均未考上举人。其间曾有赵焕(号凤宇)聘请徐光启做家教。赵焕因曾做官,家境富裕且藏书甚丰,徐光启得以边做家教,边阅读赵家的许多藏书,其中包括万历二十年(1592)刚出版的程大位《算法统宗》、万历六年(1578)出版的李时珍《本草纲目》等。他边阅读边辑录了天文、数学、农田、水利等方面的许多资料,有时还结合实际进行研究,增长了许多科学知识。徐骥《文定公行实》称,徐光启"惟好学,惟好经济。考古证今,广咨博讯……如历法、算法、火攻、水法之类,皆探两仪之奥,资兵农之用,为永世利"②。

万历二十四年(1596),东家赵焕任广西浔州府(现广西桂平)知府,因感徐光启教授其子得力,便邀徐同往继续担任家教。这次出行途中,徐光启不仅充分了解了江苏、浙江、江西、广东、广西诸地农村的农业与水利情况,为后来长期从事农业水利研究打下了基础,而且还在广东韶州第一次遇到了传教士郭居静(1594年抵潮州),初次听到了西洋学说。

万历二十五年(1597),赵焕花钱在国子监为儿子赵公益捐得一个监生,得以赴北京应顺天府乡试,因为顺天府中举名额较多。徐光启无钱捐监生,只得请求赵焕资助。赵焕念其教子有方,且博学多才,又是同乡,就成全了他。于是,这一年徐光启陪同赵公益同赴北京参加他的第六次乡试。③ 本来徐光启将再次落榜,但顺天府乡试主考官焦竑在发榜前二日,正为在考卷中见不到可称第一名者焦急之时,"从落卷中获先文定卷,击

---

① 梁家勉.徐光启年谱.上海:上海古籍出版社,1981:40.
② 徐骥.文定公行实//徐光启.徐光启集.王重民,辑校.上海:上海古籍出版社,1984:560.
③ 王青建.科学译著先师——徐光启.北京:科学出版社,2000:13.

节赏叹，阅至三场，复拍案叹曰，‘此名世大儒无疑也’，拔置第一”[①]。明代科举考试分三场：第一场考八股文，被认为是主科；第二场考应用文；第三场考时政论说。徐光启的优势在第二场、第三场，他平时读书注重经世学说与社会应用，无心多钻研八股文那套无用的死板程式。这正是他前五次乡试落榜的主要原因。这次幸遇伯乐恩师焦竑，他才得以从落卷而跃升乡试第一，高中“解元”。

中举之后，徐光启虽文名大振，但仍布衣授课；因束修增多，家境稍为富裕。他虽然仍过着边教课边读书的生活，但已有更多的时间阅读所喜爱的农学与算学书籍。万历三十一年(1603)，长江三角洲一带浚河筑塘，开发水田渐成风气，徐光启便给上海邑侯刘一爌写了一篇《量算河工及测验地势法》文论。这说明当时徐光启对农田水利及算学测量等知识已有深厚根底。

万历三十二年(1604)四月，徐光启第三次赴京应会试。43 岁的他，这次在录取的 331 名进士中，名列第 88 位。以其名次，徐光启本不可参加翰林院考试，然因同科进士业师黄体仁所荐，得以考选为翰林院庶吉士，从而有机会跨过列身高官的门槛。在翰林院三年中，除了学习馆课、撰写策论，他把业余主要精力进一步转移到了科学研究方面。他“习天文、兵法、屯盐、水利诸策，旁及工艺数事，学务可施于用者”[②]。当时徐光启上疏也多涉工程、军事等时务，并提出自己的改革想法，如《拟缓举三殿及朝门工程疏》《拟上安边御虏疏》等。在后一疏中，他提出安边御虏的主要途径在“设险阻，整车马，选将帅，练戎卒，严节制，信赏罚”数事；又深叹“唐宋以来，国不设农官，官不庀农政，士不言农学”，因此认为农业与安边御虏二事“最重又最急”。[③] 当时利玛窦(Matteo Ricci，1552—1610，字西泰)

---

① 徐骥．文定公行实//徐光启．徐光启集．王重民，辑校．上海：上海古籍出版社，1984：552．

② 王重民．序言//徐光启．徐光启集．王重民，辑校．上海：上海古籍出版社，1984：序言 7．

③ 梁家勉．徐光启年谱．上海：上海古籍出版社，1981：72-73．

已在北京传教,徐光启又能经常"以间游从请益","每布衣徒步,晤于[利氏]邸舍,讲究精密,承问冲虚"。① 从此以后,徐光启开始经常向传教士了解西方的科学知识。

3. 译书震世,撰著传世

徐光启生命的第二阶段,为考中进士至督修历法的二十余年。其间他勤勉学习西学,翻译西书,科学实践并撰写专著。进入翰林院后,他利用馆课余暇时间,除留心经世之学,还边译西书边学习西书科技知识。万历三十二年(1604),他就为利玛窦所著《二十五言》润色并撰写跋语。不久,他认识到利玛窦的学问分为两类:一类为利氏积极宣传的"修身事天"学问,即耶稣教教义;另一类则是利玛窦不太愿传授的"格物穷理",即科学技术。徐光启更加关心的则是经世致用的西方"格物穷理"学问。

万历三十四年(1606),徐光启与利玛窦切磋格物算学,"因请其象数诸书,更以华文"(35)②。利玛窦见徐光启要译科学书籍,告诉他首先应译述《几何原本》一书。起初因怕影响翰林院馆课,徐光启介绍一名举人与利玛窦合作译述,但此人因不善算学,无法笔录利玛窦口译之内容,致合作终止。于是徐光启不得不亲自担任笔述。他在明末与利玛窦首次成功合作译述《几何原本》,成为国人译述西方科学书籍之鼻祖。翌年,徐、利又开始合作译述《测量法义》。在翰林院学习这几年,他不仅业余时间翻译西书,馆课时间也撰写了许多经世之作,如《漕河议》《通漕类编》《通漕考评》《考工记解》《记里鼓车图解》等,多属水利、工程、机械类的内容。

万历三十五年(1607),就在徐光启译书撰著正忙时,五月父卒。他按制返沪丁父忧守制三年。这一时期,徐光启虽然暂停了译书,却在上海主要从事农业科学研究。时值江南水患致乡人多饥馑,他从福建引进高产甘薯的良种,在家中园地试种成功后,大力予以推广。后来他撰写《甘薯

---

① 梁家勉. 徐光启年谱. 上海:上海古籍出版社,1981:72.

② 为求简明直接与引用版本的一致性,本书所收录的内容被本《导言》引用时,仅在引文后括注本书页码。特此说明。

疏》一书,以传播甘薯种植之事。这几年,他一边从事农业科学研究,一边在原来于北京译述的《几何原本》《测量法义》的基础上,研究撰写了《测量异同》与《勾股义》二书,并对《几何原本》初刻本进行了校对。这些工作为后来修历译书打下了一定的基础。

万历三十八年(1610)十二月,徐光启服阕返回京城,继续在翰林院任检讨,直至万历四十五年(1617)二月,升任左春坊左赞善。在这六年多时间内,他利用余暇时间,继续翻译西方科学书籍。万历三十九年(1611),利玛窦为徐光启讲授传教士熊三拔(Sabbathino de Ursis,1575—1620,字有纲)所制的简平仪,徐光启笔述成书《简平仪说》。是年,徐光启还撰写了《平浑图说》《日晷图说》《夜晷图说》等天文学著作。万历四十年(1612),徐光启与熊三拔合作译述了他所关心的西方农业水法书籍《泰西水法》。是年,徐光启还第二次校订了《几何原本》。徐光启后来告病在天津,又设试验园地,依《泰西水法》中的方法制造水利器械,并试用西方各种用水方法。晚年,他将其间所得种种试验记录与心得,均汇入其农学巨著《农政全书》之中。

万历四十一年(1613)春,徐光启任会试同考官。同年与熊三拔"制天盘、地盘(简平仪)、定时衡尺、璇玑玉衡等器,皆时人所未睹"①。也就是说,徐、熊二人在《泰西水法》《简平仪说》二译书出版后,继续依书中西法研制天文与水利器械。这一年,李之藻已译《同文算指》,徐光启为之撰《刻同文算指序》,曰:"同文算指,斯可网罗艺业之美,开廓著述之途","历律两家,旁及万事者……顷者交食议起,天官家精识者,欲依洪武故事,从西国诸先生备译所传历法,仍用京朝官属笔"。② 他借作序之际宣传,应与传教士合译天算书籍。

万历四十六年(1618)五月,满洲军队图谋侵犯关内,徐光启密切关注军事。翌年,他晋升詹事府少詹事兼河南道监察御史,管理练兵事务。他

① 梁家勉.徐光启年谱.上海:上海古籍出版社,1981:105.
② 徐宗泽.明清间耶稣会士译著提要.北京:中华书局,1949:266.

本想按照自己多年研习的兵法知识,亲自训练一支"得胜兵"以御强敌,然终因缺乏兵饷及多方掣肘而未成。基于练兵实践,善于总结的他因此写成了两部军事著作:《徐氏庖言》与《选练条格》。他还与李之藻计划购买并仿制西洋火铳,在京城设置铳台,由于阉党乱政也终未竟。以后的六七年内,他无视高官职位,拒绝与阉党合作,先后在天津、上海继续从事农业科学研究,并编写《农政全书》。该书后由其后裔刊刻出版,在我国农学发展史上具有重要地位。其间他又增辑论述兵事之奏议书牍等文稿,并最终刊成《徐氏庖言》五卷传世。

4.督领历局,译编新历

天启七年(1627)九月,天启帝卒。弟朱由检即位,翌年正月改年号为崇祯元年。天启七年十二月,崇祯帝依廷臣之疏劾,阉党魏宗贤等皆被镇压,徐光启的命运也发生了变化。崇祯元年(1628)一月,他官复礼部右侍郎,并任詹事府詹事。八月抵京进宫陛见。新皇帝奉天承运,多拟敬天修历,早已有译书修历之念的徐光启乘势接连于次年五月与七月两次上疏议论修历。七月上疏开列了修历四项事宜,在首项"议选人员"中推荐了在杭州闲居的李之藻;又在第二项"议博访取"中,借朱元璋高皇帝命马沙亦黑译西历之事,提出"参用西法","务令会通",暗示建议聘用西方传教士助译西方历书。对于七月十一日所上的此疏,三日以后,崇祯帝便下达圣旨,曰:"这修改历法四款,俱依议。徐光启见在本部,着一切督领。李之藻速与起补,蚤来供事。该部知道。"①此前于四月十六日,徐光启已晋升礼部左侍郎,管理部事,故旨批令其督领修历之事。

自此开始,徐光启迅速设立了历局,聘用精晓历法的中外学人协助修历。在多名传教士与李之藻、李天经等人协助下,他编译了大量西方先进的天文、数学、测量等图书资料;制作(包括仿制)西方新型天文测量仪器,甚至仿制并使用了欧洲发明不久的望远镜;他还经常亲自观测天文现象。他从一开始便制订了"节次六目"与"基本五目"的修历全盘计划,有计划

---

① 　徐光启. 徐光启集. 王重民,辑校. 上海:上海古籍出版社,1984:329.

地选译西方算学、测量及天文书表,按照西方的一些先进方法对照天象进行观测,并对已使用 260 年的《大统历》中过时的内容进行修改,希望最终编纂一部中西会通并超胜西法的全新历书。可惜天不假年,为译书修历鞠躬尽瘁的徐光启,终于在新法历书尚未告竣的崇祯六年(1633)十一月八日,积劳成疾,累死于译书修历的岗位上,享年 72 岁。

去世之前,徐光启已经三次进呈新纂历书,加上后继者李天经两次继续进呈,最终进呈的历书共计 45 种,137 卷。新纂历书刻印后取名《崇祯历书》,明清交替后的 1645 年方始公布施行,并易名为《西洋新法历书》①。但是,依李天经的水平,最终纂就的新历书,并未实现徐光启的宏愿——超胜西法。

5.生平主要经历

1581 年(20 岁),金山卫应试,"补诸生高等"。

1597 年(36 岁),顺天府应试,第一名举人。

1604 年(43 岁),北京会试,第 88 名进士。同年,考选为翰林院庶吉士。

1607 年(46 岁),任翰林院检讨。五月父卒,回乡守制。

1610 年(49 岁),回任翰林院检讨。

1613 年(52 岁),任会试同考官,"春秋房"分考事。

1617 年(56 岁),二月,任詹事府左春坊左赞善,兼翰林院检讨。

1619 年(58 岁),三月,任殿试掌卷官。十月,晋职詹事府少詹事兼河南道监察御史,管理练兵事务。

1621 年(60 岁),二月,以少詹事协理詹事府事。三月准回乡调理。

1624 年(63 岁),被任礼部右侍郎,不屑为阉党所用,不赴。

1625 年(64 岁),免礼部右侍郎。

1628 年(67 岁),一月,复任礼部右侍郎,并任詹事府詹事。八月,充日讲官。旋充经筵讲官。

---

① 由于历史的原因,《崇祯历书》,又名《西洋新法历书》《新法历书》《西洋新法算书》。

1629 年(68 岁),一月,充纂修熹宗实录副总裁。一月二十一日,加太子宾客。四月十六日,任礼部左侍郎,管部事。十月十三日,领到开设历局敕书并铸给关防。

1630 年(69 岁),八月,升礼部尚书兼翰林院学士协理詹事府事。

1631 年(70 岁),加从一品。充考庶吉士阅卷官。受封"资善大夫"(文官正二品)。

1632 年(71 岁),六月二十一日,特旨简用,以礼部尚书兼东阁大学士,参预机务,知制诰。充纂修熹宗实录总裁官,玉牒提调。兼任同知经筵事。

1633 年(72 岁),加太子太保,文渊阁大学士,尚书如故。荫一子中书舍人,照新衔给予应得诰命。赠少保,谥文定。

1644 年,加赠太保。

6. 生平重要著译

1605 年,撰《考工记解》《记里鼓车图解》《漕河议》《山海舆地图经解》。

1606 年,始译《几何原本》。

1607 年,《几何原本》译成并付刻。译述《测量法义》。

1608 年,撰《题测量法义》。校《几何原本》刻本。

1609 年,撰《芜菁疏》。撰《测量异同》《勾股义》。

1610 年,撰《种竹图说》。

1611 年,译著《简平仪说》出版。撰《平浑图说》《日晷图说》《夜晷图说》。二校《几何原本》刻本。

1612 年,译著《泰西水法》出版。二校《几何原本》刻本。刊《农遗杂疏》五卷。

1614 年,撰《刻同文算指序》。

1615 年,撰《医方考》。

1617 年,译著《测量法义》与撰著《勾股义》出版。

1618 年,撰《海防迂说》。

1619 年,撰《选练百字括》《选练条格》《练艺条格》《束伍条格》《形名条格》《兵机要略》《火攻要略》《虏情第一》《大征第二》《器胜第三》《服戎第四》等。

1623 年,辑诸奏疏为《端闱奏草》。

1624 年,译著《灵言蠡勺》印于上海。

1627 年,增订前此所辑《农书》(即《农政全书》初稿)。选辑论述兵事之奏议书牍等文稿,并刊成《徐氏庖言》五卷。

1628 年,撰《经闱讲义》。

1629 年,撰《重修天津卫学记》。与毕方济合作之译著《睡答》《画答》出版。

1630 年,李之藻辑刻《天学初函》,内含徐光启译著《泰西水法》《几何原本》《简平仪说》《测量法义》《灵言蠡勺》与撰著《测量异同》《勾股义》等。审阅《熹宗实录》。

1631 年,《神宗实录》告成。正月二十八日,第一次进呈历书,共 24 卷。八月一日,第二次进呈历书,共 20 卷、1 折。撰《兵事或问》。辑兵事奏稿成《兵事疏》。辑"经国讦谟"言论成《六函汇辑》。辑"筹边硕画"胪陈成《上略下略》。

1632 年,四月四日,第三次进呈历书,共 30 卷。

1633 年,将有关国家大事的奏疏稿,辑成《清台奏草》。

1933 年,徐光启逝世三百周年,徐宗泽编成《徐文定公集》,辑录徐光启遗作 89 篇。

1963 年,为纪念徐光启诞辰四百周年,王重民新编《徐光启集》,辑录徐光启遗作 204 篇,含奏疏、书牍、论、说、策、议、序、跋、记、赞等,外加诗 14 首。将其重要科学译著与《徐光启集》一起阅读,可全面了解徐光启科学与翻译两方面成就的发展脉络。

以上著译多录自梁家勉《徐光启年谱》与徐宗泽《明清间耶稣会士译著提要》。再据王重民辑校《徐光启集》补录如下:

年份不详,撰《题万国二圜图序》《几何原本杂议》。

1603 年,撰《量算河工及测验地势法》。

1604 年,《拟上安边御虏疏》。

1605 年,《拟缓举三殿及朝门工程疏》。

1629 年,《记崇祯二年十一月初四日平台召对事》《记崇祯二年十一月二十八日平台召对事》《守城条议》《礼部为日食刻数不对请敕部修改疏》《礼部为奉旨修改历法开列事宜乞裁疏》《条议历法修正岁差疏》《奉旨修改历法开列事宜乞裁疏》。

1630 年,《钦奉明旨条画屯田疏》《丑虏暂东绸缪宜亟谨述初言以备战守疏》《西洋神器既见其益宜尽其用疏》《恭报教演日期疏》《钦奉明旨谨呈愚见疏》《移兵部照会》《闻风愤激直献刍荛疏》《钦奉圣旨复奏疏》《修改历法请访用汤若望罗雅谷疏》《修历因事暂辍略陈事绪疏》。

1631 年,《处不得不战之势宜求必战必胜之策疏》《钦奉明旨敷陈愚见疏》《奉旨恭进历书疏》《历书总目表》《奉旨续进历书疏》。

1632 年,《奉旨恭进第三次历书疏》《修历缺员谨申前请以竣大典》《历法修正告成书器缮治有待请以李天经任历局疏》。

1633 年,《赤道南北两总星图叙》《治历已有成模恳祈恩叙疏》。

二、主要科学译著简介

笔者曾著文,言明末之前,我国的科学翻译尚处于附庸期。汉晋唐宋期间,没有多少科技书籍值得译传中国,且翻译科技书籍也并非来华翻译佛经的外国僧人的动机。参与译经的国人既无翻译外国科技书籍的动机,也不了解中外科技情况。元朝之前,一方面,科学技术体系尚不如近现代那样完善,国外专门记述科学技术的书籍不多;另一方面,我国的科学技术总体上应优于外国。明末耶稣会士入华之前,我国并不存在成规模的专门的科学翻译活动,只是各种佛经译著中有时提及一些外国哲学(因明学)、天文学、数学及医学等方面的书籍或资料。因此,明末以前我国的科学翻译是以附庸于佛经翻译为特色的。漫长的历史时期内,我国既无称职的专业科学翻译人员,更未出现专门的科学翻译机构,也不可能产生独立的科学翻译成果,附庸于佛经中的科学译著不多,对我国的科技发展影响也很有限。①

明末,意大利传教士利玛窦来华传教。起初他沿袭传教士之前在日本传教的经验,身着僧服自称"番僧"。很快他发现中国与日本不同,士大夫阶层的地位远高于僧人。为了顺利传教,必须先结交中国的士大夫,于是他开始改着儒服,以"西儒"自居。不久,在结交中国士大夫尤其是像徐光启、李之藻这样的学者型官员后,他又进一步发现世界地图、地理、天文、数学、测量等书籍与自鸣钟等奇器更为这些人所喜爱。于是,聪明的利玛窦产生了"科学传教"的想法,即通过一起翻译西方科技书籍,来吸引士大夫入教。

徐光启在农学、兵学、测量、水利工程、算学、历学等方面均有深厚基础,因此,他在入仕与农学实验的闲暇时间,与西方传教士一起,译述或撰写了不少西方科学书籍。计有《几何原本》《简平仪说》《泰西水法》《测量法义》《灵言蠡勺》《测量异同》《勾股义》及《睡答》等。本节简要介绍其中一些译著的内容及刊刻情况。

1.《几何原本》前六卷

该书由利玛窦口译,徐光启笔述,1607 年初版于北京。初版定稿过程中,李之藻、杨廷筠等也参与过讨论。1608 年,利玛窦对初刻本进行过校对。利玛窦故后,徐光启与庞迪我(Diego do Pantoja,1571—1618,字顺阳)、熊三拔对利氏校本又进行了重校并再版。后来徐光启又对再版本进行了校订修改。其校订修改的第二次校订本,后在康熙年间由其孙徐尔默出版。

《几何原本》的原书著者为古希腊著名数学家欧几里得(Euclid,前330—前275),该书集前人几何学成就之大成,西欧许多国家长期以来将它列为必修的经典著作。此书凡十三卷,五百余题。一至六卷为平面几

---

① 黎难秋,等. 中国科学翻译史各时期的特点、成果及简评. 中国翻译,1999(3):33-35;(4):43-47.

何,七至十卷为数论,十一至十三卷为立体几何。欧几里得原著为希腊文,后有多国以不同文字转译的多种版本。利玛窦据以译述的版本,是他在罗马神学院学习时的讲义。此版本系其老师克拉维茨(Christopher Clavius,1538—1612,德国人)对拉丁文译本的注释本,且续补了二卷,故共计十五卷。"clav"的意思是"钉",故利玛窦与徐光启常称之为丁先生或丁神父。克拉维茨所著数学教科书甚众,仅由当时传教士带入我国的就有十三种,原藏于北京北堂图书馆,现已转入国家图书馆。

徐光启所译前六卷内容为:卷一论三角形,卷二论线,卷三论圆,卷四论圆内外形,卷五、卷六俱论比例,故六卷均属平面几何。徐光启撰《几何原本杂议》,谓:"人具上资,而意理疏莽,即上资无用。人具中材,而心思缜密,即中材有用。能通几何之学,缜密甚矣。"(40)又曰:"此书为用至广,在此时尤所急须。余译竟,随偕同好者梓传之。……窃意百年之后,必人人习之,即又以为习之晚也。"(40-41)他在该文末写道:"昔人云:'鸳鸯绣出从君看,不把金针度与人。'吾辈言几何之学,正与此异。因反其语曰:'金针度去从君用,未把鸳鸯绣与人。'"(41)也就是说,徐光启以"金针"喻严密的数学理论与科学的推算方法,以"鸳鸯"喻数学具体的计算方法或结论,人们学习了《几何原本》则好比得到了"金针",就可以绣出各种美丽的图画。《几何原本》中的一些公理、公设,都是数学的基本理论,由公理、公设出发,进行演绎推理,方式简明,逻辑严密。数学的基本理论与逻辑推理,就是《几何原本》中的"金针",而这"金针"正是中国古算书中所缺少的。

徐光启译述的《几何原本》,其译文文字简练,通俗易懂,即便事隔四百余年,今天的读者阅读也不会感到十分困难。例如,书中卷一第 37 题的文字,部分如下:"两平行线内,有两三角形,若同底,则两形必等。解曰:甲乙、丙丁两平行线内,有甲丙丁、乙丙丁两三角形,同丙丁底,题言两形必等。"①难怪此译书从 1607 年出版起,直至《几何原本》第二个中文译

---

① 　引自《钦定四库全书·几何原本》第 67 页。

本1990年出版,近四百年中,徐光启的译本一直是我国数学教学与研究的重要参考书。①《几何原本》系我国明末清初首次科学翻译高潮的第一本译著,该书的内容精辟、意义深远,译文质量极高,且流传长达四百年。就凭此书,徐光启被广泛称颂为我国的科学译祖,是实至名归的。

2.《测量法义》

该书系利玛窦口译,徐光启笔述,1617年于北京出版。徐光启《题测量法义》谓:"西泰子(利玛窦)之译测量诸法也,十年矣。法而系之义也,自岁丁未(1607)始也。曷待乎? 于时《几何原本》之六卷始卒业矣,至是而后能传其义也。"(109)此段文字的意思是,十年前(1607)出版《几何原本》,便可以其中的公理、定理来解释测量的方法,于是1607年便开始译述《测量法义》了。因守制、养病等种种原因,十年后(1617)《测量法义》才得以出版。

《测量法义》的内容,就是介绍利用几何方法进行测量的义理,或者说,对勾股测量的"每一个结论都用《几何原本》的定理加以注释"②。具体内容包括:"首造器,'器'即《周髀》所谓'矩'也。次论景,景有倒正,即《周髀》所谓仰矩、覆矩、卧矩也。次设问十五题,以明测望高深广远之法,即《周髀》所谓知高、知远、知深也。"(109)

《测量法义》同中国古代测算书《周髀》与《九章算术》究竟有何区别呢? 徐光启在《题测量法义》中说道:"是法也,与《周髀》《九章》之勾股、测望异乎? 不异也。不异何贵焉? 亦贵其义也。"(109)因此,徐光启知道,《测量法义》介绍了西方几何方法进行测量的义理(原理);中国古算学家刘徽、沈括等虽也使用几何方法进行高、远、深的测量,但未能或很少讲明其测量义理。

3.《泰西水法》

徐光启与熊三拔合作译述该书,1612年出版于北京。关于此书的译

① 王青建. 科学译著先师——徐光启. 北京:科学出版社,2000:43-44.
② 钱宝琮. 中国数学史. 北京:科学出版社,1981:238.

述,徐光启在《泰西水法序》中曾有所描述,谓:"昔与利(玛窦)先生游,尝为我言……有所闻水法一事,象数之流也,可以言传器写,倘得布在将作,即富国足民。或且岁月见效……就而请益,辄为余说其大指,悉皆意外奇妙,了非畴昔所及。"(136)此前徐氏丁忧返沪之时,利玛窦知道他必定关心"水法""水器"之事,曾跟他说过,此类事情可咨询传教士熊三拔。待徐光启服阕返京,利玛窦已病故。徐光启则请与熊三拔合作译述《泰西水法》。起初熊三拔期期艾艾,不愿翻译格物象数类世俗书籍,害怕教会责难他不好好传教与译述教义书籍;后经徐光启再三请求,方始勉强答应合作译述。

《泰西水法》共六卷:"一卷曰龙尾车,用挈江河之水。二卷曰玉衡车,附以专筒车;曰恒升车,附以双升车,用挈井泉之水。三卷曰水库,记用蓄雨雪之水。四卷曰水法附余,皆寻泉作井之法,而附以疗病之水。五卷曰水法或问,备言水性。六卷则诸器之图说也。"①上述龙尾车即阿基米德式螺旋提水器,玉衡车即压力式抽水机,恒升车即吸取式抽水机。书中内容均属西方古代物理学知识。②

徐光启作《泰西水法序》,又谓"格物穷理之中,又复旁出一种象数之学。象数之学,大者为历法,为律吕。至其他有形有质之物,有度有数之事,无不赖以为用,用之无不尽巧极妙者"(136)。徐光启当时对"格物穷理"的一个分支"力学"似尚模糊,称之为"象数之学",但对力学渗透大至天文学小至各种器械的原理,则已很清楚。

在《泰西水法》译述过程中,徐光启与熊三拔已边制水器边验证其用途,而且此译书出版后,"都下诸公闻而亟赏之,多募巧工,从受其法,器成即又人人亟赏之"(136),可见此书当时便在北京产生了巨大的影响。

4.《简平仪说》

该书系熊三拔口译,徐光启笔述,1611年于北京出版。有徐光启序,

---

① 徐宗泽.明清间耶稣会士译著提要.北京:中华书局,1949:307.

② 杜正国.《泰西水法》中的物理学知识.中国科技史料,1992,13(2):66-69.

谓:"星历一事,究竟其学,必胜郭守敬数倍。其最小者是仪为有纲熊先生所手创以呈利先生,利所嘉叹。偶为余解其凡,因手受之,草之成章。"(191)可知该书是介绍传教士熊三拔手制的西方天文仪器。

《四库全书》收入《简平仪说》,称该书"大旨以视法取浑圆为平圆,而以平圆测量浑圆之数也。凡名数十二则,用法十三则,其法用上、下两盘,天盘在下……地盘在上……二盘中挟枢纽,使可旋转",此即介绍简平仪的组成,随后又介绍了用此仪测试天文参数的方法。① 徐光启在序言中又说:"西士之精于历,无他谬巧也,千百为辈,传习讲求者三千年,其青于蓝而寒于水者,时时有之。"(190)但中国精晓天文学者"越百载一人焉,或二三百载一人焉"(190)。因此,徐光启拟译传此书"为言历嚆矢"(191),说明他以译述西书推动修历的思想早已产生了。同年,在熊三拔的帮助下,他还撰写了《平浑图说》《日晷图说》与《夜晷图说》三种天文著作,并与熊三拔合作制造了天盘、地盘(简平仪)与定时衡尺等天文仪器。②

5.《灵言蠡勺》

该书系意大利传教士毕方济(P. Francois Sambiasi, 1582—1649,字今梁)口译,徐光启笔述,1624 年刊印于上海。当时徐光启已 63 岁。该书后收入李之藻所编的《天学初函》。陈垣于 1919 年对《天学初函》进行了重校并刻印,1921 年又再版。

《灵言蠡勺》的书名为灵学浅测的意思。毕方济在书引中曾提及,该书论述亚尼玛(Anima)之学,即研究灵魂(灵性)的学问,认为研究灵性即为了"认己","认己者是世人千万种学问根宗,人人所当先务也"。毕方济认为灵性学是哲学的一部分。当然,作为传教士,毕方济认为,"哲学分两大端,其一论灵魂,其一论天主"。③ 他论述"灵言",归根结底是要人们的

① 徐宗泽. 明清间耶稣会士译著提要. 北京:中华书局,1949:271-272.
② 王青建. 科学译著先师——徐光启. 北京:科学出版社,2000:58-59.
③ 转引自:赵莉如. 最早在我国传播西方心理学思想的书——评《灵言蠡勺》《性学觕述》和《西国记法》. 中国科技史料,1988,9(1):37.

灵魂归宿上帝。

《灵言蠡勺》分上下二卷。上卷:一论灵魂之体,二论灵魂之能;下卷:三论灵魂之尊,四论灵魂所向美好之情。其中"论灵魂之能"的内容涉及心理学知识较多。[①]

6.《测量异同》

徐光启作《测量异同》一书,既带有研究性质,也可以说带有译、编、撰的性质。关于该书,徐光启撰《测量异同》绪言,谓:"《九章算法·勾股篇》中,故有'用表''用矩尺''测量'数条,与今译《测量法义》相较,其法略同,其义全阙,学者不能识其所繇。既具新论,以考旧文,如视掌矣。"(206)徐宗泽称该书"是测量法义中之本题,先述法义中之方法,继述旧法,以证异同"[②]。从这两段文字可知,徐光启在《测量异同》中,先引《测量法义》中有关勾股测量题目的计算方法与其义理,再述古算书中相同勾股测量题目的方法,两者进行比较,即可知西方测量方法之义理的优点。故徐宗泽介绍《测量异同》时,一开始便称:"泰西利玛窦口译,吴淞徐光启撰。"

钱宝琮则认为:"在《测量异同》中,徐光启比较了中西方的测量方法,他认为我国古代的测量方法与西洋的测量方法基本上是相同的……他用《几何原本》的定理解释了这种一致性。"[③]也就是说,西洋的测量方法是可以用定理来解释的,这就是西方测量义理的优点。

7.《勾股义》

徐宗泽的《明清间耶稣会士译著提要》称,该书系"泰西利玛窦授,吴淞徐光启撰",似有二人口译笔述之意味。该书 1617 年在北京出版。徐光启撰《勾股义》绪言,曰:"勾股自相求以至容方容圆、各和各较相求者,旧《九章》中亦有之,第能言其法,不能言其义也。所立诸法,芜陋不堪读。

---

① 赵莉如. 最早在我国传播西方心理学思想的书——评《灵言蠡勺》《性学觕述》和《西国记法》. 中国科技史料,1988,9(1):37-40.

② 徐宗泽. 明清间耶稣会士译著提要. 北京:中华书局,1949:270.

③ 钱宝琮. 中国数学史. 北京:科学出版社,1981:239.

门人孙初阳氏删为正法十五条,稍简明矣。余因多为论撰其义,使夫精于数学者揽图诵说,庶或为之解颐。"(214)徐光启又在《勾股义序》中谈及,我国古人商高已知勾三、股四、弦五;又大禹治水,郭守敬修历,刘秉忠作水利工程等,均已知道使用勾股弦定理,但对勾股弦定理皆不知其"所以然"。他接着写道:"自余从西泰子译得《测量法义》,不揣复作勾股诸义,即此法底里洞然……勾股遗言,独见于《九章》中,凡数十法,不出余所撰正法十五条。"(213)由上述可知,鉴于我国古人虽多有利用勾股弦的方法,但多不知其义(逻辑推理),徐光启与其弟子孙元化合作撰写了《勾股义》一书,仿照《几何原本》中逻辑推理的思想,对勾股弦方法进行了严格的论述。这样,"精于数学"的中国读者,只要依此书"揽图诵说",就可了解勾股各种方法的"所以然"了。

三、创设历局,译编历法

1.督领修历过程

历局修历是明末科学翻译史上的一件大事。徐光启通过创设历局,与耶稣会士和李之藻等,共同译述了大量西方天文学的书籍与图表,并且差一点实现了新历"会通西法、超胜西法"的理想。崇祯二年(1629),修历时机终于到来。是年五月朔日食,中法推测再次严重失准,而西法又获证实。五月十日,徐光启代表礼部上疏请敕修历(《礼部为日食刻数不对请敕部修改疏》)。七月十一日,徐光启奉旨再次上疏开列修改历法相关事宜乞裁,三日后崇祯帝下旨修改历法,并令徐光启督领,李之藻北上协助。

徐光启奉旨后,马上着手选用知晓历法的科技人员,并命工匠制造天文仪器。七月二十六日,徐光启再上《条议历法修正岁差疏》,在疏中他建议"用西法",推荐"西洋天学远臣"利玛窦、龙华民(Niccolo Longobardi,1559—1654,号精华)、邓玉函(Johann Schreck,1576—1630,字涵璞),共同译述西书,再用西书之法来修正大统历,使中西法融会而获新的历法。他还进而建议"急用仪象十事"与"度数旁通十事"。后"十事",实际上是他想在翻译西方天文、测算书籍之后,继续广译引进西方十个分支的知识(见《条议历法修正岁差疏》)。这反映了徐光启还希望借修历之机,将历局办成一个广译西书的翻译机构。崇祯帝并不保守,旨复:"度数旁通有关庶绩,一并分曹料理。"①

经两个月的紧张筹备,历局于崇祯二年(1629)九月二十二日正式开始工作。次日,徐光启又提出人员与经费计划。关于人员的具体组成、历局仪器设备、历局局址,以及历局经费开支等详细情况,读者可参阅《我国早期的科技翻译机构——明末历局》②。

2. 亲自编译与撰写历书

徐光启在领导历局的大量烦琐工作以外,还亲自参加编译与撰写工作。徐光启亲自撰写的有《历书总目》一卷、《治历缘起》八卷与《历学小辩》一卷;他与龙华民、邓玉函合作译撰的有《测天约说》二卷、《大测》二卷、《元史揆日订讹》一卷、《通率立成表》一卷、《散表》一卷;与罗雅谷(Giacomo Rho 或 Jacques Rho,1593—1638,字味韶)、李之藻合作译撰的有《历指》一卷、《测量全义》二卷、《比例规解》一卷、《日躔表》一卷。③ 上述不少种历书,后来直接收入了清初出版的《西洋新法历书》。

至于徐光启校订过的历算书则多得难以统计。崇祯六年(1633)九月二十九日,他在《历法修正告成书器缮治有待请以李天经任历局疏》中说道,新成诸历书共六十卷,其中三十卷"略皆经臣目手",另外三十卷,"内经臣目者十之三四,经臣手者十之一二"。④ 可见其校阅修订之历书数量很大。徐宗泽撰写的《奉教阁老著作的佚存》⑤一文中还列有多种天文历算著作,可惜难以区分哪些是译、哪些是撰。

阮元著《徐光启传》载:"论曰:自利氏东来,得其天文数学之传者,光

① 徐光启. 徐光启集. 王重民,辑校. 上海:上海古籍出版社,1984:339.
② 黎难秋. 我国早期的科技翻译机构——明末历局. 世界图书,1984(7):39-40.
③ 王青建. 科学译著先师——徐光启. 北京:科学出版社,2000:90.
④ 徐光启. 徐光启集. 王重民,辑校. 上海:上海古籍出版社,1984:424-425.
⑤ 徐宗泽. 奉教阁老著作的佚存. 圣教杂志·徐上海特刊,1933(11):87-91.

启为最深,洎乎督修新法,殚其心思才力,验之垂象,译为图说,洋洋乎千万言,反复引申,务使其理其法,足以人人通晓而后已,以视术士之秘其机械者,不可同日语矣。"①

3.引入西文天文学知识

陈展云著《划时代的徐文定公》,谈到徐光启译编历书之贡献,亟赞《西洋新法算书》是部"伟大作品","彻底地重制较完备的全天球恒星图";其《恒星历指》最早引入了西方的星等区分;首次引入了天文学推算中的几种误差,如蒙气差(清蒙气差)、视差(地之半径差)、时差(日差)等;首先引入望远镜,并自制望远镜观测天文等。另外,还第一次提出了磁子午与真子午的区别。《大测》一书则最早介绍了平面三角学与球面三角学。《割圆八线表》最早翻译介绍了西方的三角函数表。②

方豪则指出,《新法历书·历指》卷三已向国人介绍了"银河"的概念,谓:"问:天汉何物也? 曰:古人以天汉非星……远镜既出,用以仰窥,则为无数小星。"③

4.《崇祯历书》中西会通

因徐光启谢世,在传教士的帮助下修历虽未实现"超胜西法",但实现了"中西会通"。《崇祯历书》在原有中国历法历书的基础上,应用与吸收了许多西方天文学知识,其中不少已是当时西方先进的天文学知识。

日本学者桥本敬造著文认为,万历年间传教士译传中国的还属于西方的古代天文学知识,但是到了徐光启督修历书时,由于伽利略发明了天文望远镜,天文现象的观测已在许多方面证实了哥白尼日心说的宇宙观,以致罗马教廷与一些科学家传教士也不得不放弃长期占据统治地位的古代天文学观点,即亚里士多德与托勒密的地心说理论。早期参与修历的

① 阮元.徐光启传//徐光启.徐光启集.王重民,辑校.上海:上海古籍出版社,1984:580.
② 陈展云.划时代的徐文定公.宇宙,1934(8):136-146.
③ 方豪.中西交通史(下册).长沙:岳麓书社,1987:720-721.

传教士龙华民译传《地震解》，以及傅泛际（Francois Furtado，1587—1653，字体斋）译传《寰有诠》，都还在强调亚里士多德的学术权威性。利玛窦在译传《乾坤体义》时的情况也相仿佛。

可是，天启二年（1622），随金尼阁（Nicolas Trigault，1577—1628，字四表）来华不久的汤若望（Johann Adam Schall von Bell，1592—1666，字道未）与罗雅谷，在修历时已经不再完全排斥哥白尼先进的天文学说。他们在修历时译传的，主要都属否定亚里士多德天文学体系的第谷体系。《崇祯历书》的《五纬历指》卷一中的《七政序次新图》第一图，描绘的就是第谷的天文学体系。《五纬历指》卷四介绍了第谷（Tycho Brahe，1546—1601）对火星长达25年的观测，以及其弟子据此写作的《火星论》。《五纬历指》卷五则对第谷的"金星天以太阳为心"做了图解。《月离历指》卷二论述了第谷的月亮运行理论，并介绍了哥白尼的月行理论。总之，《崇祯历书》应用的已是西方当时较先进的知识体系了。①

四、科学翻译的影响

1. 传播西方科学知识

徐光启译介的许多科学知识，即使并非全部为世界最先进的知识，但相对于当时中国的水平，还是先进并值得译传的。

《几何原本》首次向中国传入了西方几何学知识，更重要的是首次传入了西方严密的逻辑推理思想。《几何原本》对书中每题之解，均按一定顺序进行，即先述该题用途，次述解法，从定义（"名目""界说"）出发，再用已有公理、定理（"不可疑之理"）进行证明（"发明其所以必然之理"）。清代许多数学家后来在撰写研究著作时，都不同程度地运用了《几何原本》的逻辑推理方法。《几何原本》翻译后，徐光启作《测量异同》时又以《几何原本》的公理系统地对中国古代勾股术进行了严格的证明，于是有《勾股

---

① 桥本敬造. 从《崇祯历书》看科学革命的一个过程. 科学史译丛，1984（3）：20-30.

义》之作。《几何原本》为译书,《测量异同》则是会通之作,而《勾股义》已是超胜之著了。

《测量法义》首次向国人介绍了西方与陆地测量相关的数学。《泰西水法》首次引进了西方的水利工具与水库及其制造方法,并模糊地提出了力学(象数之学)的概念。《灵学蠡勺》首次引进了一些西方心理学知识。《崇祯历书》引入的大量西方天文学知识已如前节所述。

对于徐光启译介西方科学知识,国内学术名流无不交口称赞。梁启超《饮冰室文集》卷六十四,称他"是头一位翻译欧文书籍的人"。蔡元培赞扬徐光启,谓其"所介绍之西学范围颇广,数学天文历法地理水法农学火器,无一不切于实用,而为科学之先道"。他又说:"然使非文定在三百年前已启其端,则十九世纪后半期以来之进展,或亦不能如是之容易。然则文定提倡之功,诚有不可磨灭者矣。"①

2. 传播西方科学思想方法

徐光启以《几何原本》的考证方法,在后来撰写《测量异同》与《勾股义》二书时,对中国古有测量方法与勾股计算进行了科学考证。这对于明清考证学方法的产生与发展产生了重大影响。胡适在辅仁大学作《考证方法的来历》演讲时指出,中国近三百年来思想学问皆趋于精密、细致、科学化,近代一般学者均认为,系受利玛窦、徐光启等译传西洋算学、天文学的影响。又如"顾亭林考证古音著作,有音学五书;阎若璩之考证古文尚书,有古文尚书疏证,此种学问方法(考据方法)"也完全是受利、徐影响的。②

3. 对我国科技发展的贡献

(1)科学译祖

徐光启在中国科学翻译史上创造了许多项第一:第一个译传西方科学书籍;第一个译传西方几何学,从而也是第一个引入西方严密的逻辑推

---

① 引自:南京天文学会举行徐光启逝世三百周年纪念会. 圣教杂志,1934(7):440.
② 徐宗泽. 明清间耶稣会士译著提要. 北京:中华书局,1949:7-8.

理思想;第一个译传西方天文测量仪器技术,特别是第一个领导制作了望远镜;第一个译传西方提水机、抽水机、打井及水库技术。晚年他督领修改历书,译述了许多西方天文学资料,引入了许多较新的天文学知识。最为值得称道的是,他拉开了我国明末清初第一次科学翻译高潮的大幕,因而被后人公认为我国科学译祖。关于这一点,梁启超在《中国近三百年学术史》中曾评说,"明末有一场大公案,为中国学术史上应该大笔特书者,曰:欧洲算学之输入"①,接着便称颂了徐光启在译传欧洲科学高潮中的重要历史作用。

(2)第一流的译作

徐光启不仅第一个译述西方科学书籍,译著创造多项第一,而且由于他对所译知识内容精晓,因此一些译著的质量得到了很高的评价。

例如,梁启超评利玛窦、徐光启合译之《几何原本》为"字字精金美玉,为千古不朽之作"②。陈彬和著文谓:"梁启超称公(徐光启)'对于数学天文学论理学,皆有深刻修养,著书甚多'外,且将几何原书译本提出,推为'古今翻译界中第一流作品'。"③《四库全书总目提要》则评《几何原本》译本为"光启反复推阐,文句显明,以是弁冕西术,不为过矣"④。

徐宗泽评论徐光启的译著谓:"公(徐光启)为西学之译祖……公所译之西学,如天文、地理、历算、农学、火器、水法等书,无论在量方面、质方面,莫有能及公者。"⑤

(3)术语译名,沿用至今

徐光启译述《几何原本》,因具备深厚的测算知识,因此他所创造的许多数学译名,成为后世沿用至今的数学术语名词。其中一字未变而且意义与现用数学术语名词相同的有二十余个,"例如:点、线、直线、面、平面、

---

① 梁启超. 中国近三百年学术史. 朱维铮,校注. 上海:复旦大学出版社,2016:8.
② 梁启超. 中国近三百年学术史. 朱维铮,校注. 上海:复旦大学出版社,2016:9.
③ 陈彬和. 徐文定公三百周年纪念. 申报,1933-11-24(11).
④ 转引自:徐宗泽. 明清间耶稣会士译著提要. 北京:中华书局,1949:257.
⑤ 徐宗泽. 奉教阁老与科学. 圣教杂志·徐上海特刊,1933(11):60.

曲面、直角、垂线、钝角、锐角、界、形、直径、直线形、三边形、四边形、多边形、平行线、对角线、罄折形、相似、外切等等"①。

最为巧妙的是徐光启为书名创造的译名"几何"。《几何原本》的拉丁文书名是 *Euclidis Elementorum Libri XV*,照原意应译为《欧几里得原本十五卷》,当然"十五卷"可以省略,但《欧几里得原本》仍不像数学书的书名。徐光启创造性地选用了"几何"一词,译为《几何原本》。"几何"一词原在中文中只含"多少"之意,如"人生几何""价值几何""曾几何时"等。徐光启为何选用"几何"一词,众说纷纭,此处不予赘述。但是,现在"几何"一词已被中国所有数学家公认为数学一个分支学科的专用名词,即"几何学"。不仅如此,"几何"一词还早已东传朝鲜、日本,为两国的数学家所引用。②

(4)会通之前,先须翻译

徐光启译述西方科学书籍,离不开西方传教士传授知识与口译内容,但他在笔述时并不迷信于西士口译之词。从译第一本书《几何原本》开始,他就对译文"重复订正③,凡三易稿"(39)。初刻本出版后,他又进行了两次校对。他晚年译编《崇祯历书》时,对所译历书一直坚持"每卷必须七八易稿"。

此外,对于译述西书的目的,他从一开始就很明确:选译有用之书才能提高我国科学水平,并有益民生。他不厌其烦地请求利玛窦合作译述《几何原本》后九卷(利氏忙于传教未允)及请求熊三拔合译《泰西水法》,均反映了他的译以致用与译以提高科学水平的思想。

到了晚年,他的翻译思想升华到了更高的层次。崇祯三年(1630)五月十六日,他在《修改历法请访用汤若望罗雅谷疏》奏曰:"故臣等窃以为今兹修改,必须参西法而用之,以彼条款,就我名义……臣等借诸臣之理

---

① 王青建. 科学译著先师——徐光启. 北京:科学出版社,2000:44.
② 王青建. 科学译著先师——徐光启. 北京:科学出版社,2000:44-45.
③ 原文为"订政",本书根据现今用法,均改为"订正"。

与数,诸臣又借臣等之言与笔,功力相倚,不可相无。"①此时,徐光启认识到,译述西书时西臣不仅需依赖国人的"言与笔",即写下译文离不开国人,而且译文需"以彼条款,就我名义",即译文需符合中文规范。这种不卑不亢的思想,在翻译过程中已经是难能可贵了。

经过一个阶段的译书修历后,徐光启关于翻译功能的想法发生了飞跃。崇祯四年(1631),他在进呈《历书总目表》时提出:"臣等愚心,以为欲求超胜,必须会通;会通之前,先须翻译。"②也就是说,他认为翻译西方先进科技知识,不仅要实现中西科技会通,最终目的应实现中国科技超胜西方。四百年前,他提出的"翻译—会通—超胜",今天仍应是科学翻译工作的指导思想。

(5)宏伟的译传西学计划

万历四十六年(1618),金尼阁携西书七千册入华,徐光启是知道的。天启三年(1623),艾儒略(Giulio Aleni, 1582—1649,字思及)译撰的《西学凡》在杭州出版,介绍了西方之文、理、医、法、教、道等六个学科。每个学科各分支的书籍之多难以计数,徐光启应该也是知道的。又,利玛窦在《译几何原本引》中谈到几何这个学科分支时称"几何之属几百家,为书无虑万卷"(38),徐光启更是早知道了。因此,崇祯二年(1629),徐光启督修历书后,在《条议历法修正岁差疏》中不仅提出用传教士助译西方天算历书,还提出了"度数旁通十事"。所谓"十事"即十种学科专业:气象学、水利工程、乐律与乐器制造、兵工技术、财会学、建筑学、机械工程、地理测量、医药学与钟表制造。随后他指出,"资于度数"的这十事,"须接续讲求"。最后他才亮出提及十事的根本目的:"若得同事多人,亦可分曹速求。"③也就是说,徐光启得知西书七千册已来华,他借修历上疏之际,进一步提出广译西书传播西学的宏伟计划。

---

① 徐光启. 徐光启集. 王重民,辑校. 上海:上海古籍出版社,1984:344.
② 徐光启. 徐光启集. 王重民,辑校. 上海:上海古籍出版社,1984:374.
③ 徐光启. 徐光启集. 王重民,辑校. 上海:上海古籍出版社,1984:337-338.

在这一点上,李之藻、杨廷筠二位好友与徐光启是心心相通的,他们也正在为译述入华七千册西书频频造势。可惜的是,不久李之藻与徐光启在译编新法算书未竣时,先后因辛劳久病而去世。他们广译西书的宏伟计划未能实现。中国不仅失去了广译西书的机缘,同时也失去了一次赶超西方科技的历史机缘,这是令人十分遗憾的。

在这里,笔者必须进一步指出的是,徐光启不仅是我国科学译祖,拉开了我国明末清初第一次科学翻译高潮的大幕,同时,也是一位出色的政事家、农学家与兵事家,但这些已不属本书详细论述的范畴。

徐光启的翻译思想、翻译精神和翻译态度尤其值得当代翻译工作者深思并从中获取教益。他对科学翻译事业不畏艰辛,晚年译书修历更是达到了呕心沥血、鞠躬尽瘁的境界。当他欲首译《几何原本》时,利玛窦曾告诉他翻译不易,因为利氏此前译此书曾经历"三进三止"之磨难。徐光启毅然答曰:"既遇此书,又遇子不骄不吝,欲相指授,岂可畏劳玩日,当吾世而失之?呜呼!吾避难,难自长大;吾迎难,难自消微。必成之。"(39)于是二人口译笔述,"反复展转……重复订正,凡三易稿"(39),终于译成前六卷的初稿。他在养病期间,仍不顾身体继续译述其他书籍。

徐光启晚年督修历书,在历局事务十分繁忙的情况下,以古稀之年还亲自译述多种历算书表。白天他处理局务与部务,只能晚上挑灯整理译稿。有时晚上还要亲自登台观测天象,有一次甚至不幸跌伤了腰膝。崇祯三年(1630)十二月,他不得不上奏《因病再申前请以完大典疏》,谓在编译历书过程中"释义演文,讲究润色,较勘试验,独臣一身,即使强健逾人,尚苦茫无究竟,况今疾困支离……"①,终因实在无人能接替他的编译工作,崇祯帝仍不让他告病养息。崇祯四年(1631),徐光启两次进呈译编之历书共44卷并1折。他在《奉旨续进历书疏》中称:"讨论润色,原拟多用人员,今止臣一人,每卷必须七八易稿。"②以一个疾病缠身之老翁,长期仅

---

① 徐光启. 徐光启集. 王重民,辑校. 上海:上海古籍出版社,1984:362-363.
② 徐光启. 徐光启集. 王重民,辑校. 上海:上海古籍出版社,1984:385.

依靠公务之余的晚间来完成如此繁重的译编工作,其艰辛实堪叹息。

崇祯五年(1632),徐光启入阁。崇祯六年(1633),徐光启在九月二十九日的《历法修正告成书器缮治有待请以李天经任历局疏》中写道,"会因阁务殷繁,不能复寻旧业,止于归寓夜中篝灯详绎,理其大纲,订其繁节",然自感"犬马之力已殚,痊可之期尚遥"。① 是年十一月八日,徐光启病故在编译历书的岗位上,真正做到了为翻译事业鞠躬尽瘁,死而后已。

4.对我国科学发展其他方面的影响

关于徐光启的翻译工作对我国科学发展的影响,一些学者从地磁学、数学哲学思想、数学学科构建等方面,先后发表了各自的观点。现分别简要介绍于后。

(1) 对地磁学的贡献②

1492 年,哥伦布从西班牙驶美,发现磁偏角因地而异。约一个世纪后,徐光启就将西方地磁学介绍到我国,并创造性地运用到天文学领域。

万历三十九年(1611),徐光启与熊三拔合译《简平仪说》,介绍西方古代观察太阳的简平仪。他在介绍该仪定子午方向时指出:"今时多用罗经。罗经针锋所止,非子午正线(地球子午线),罗经自有正针处(即磁子午线)。"(198)徐光启向国人介绍了地球子午线与磁子午线存在磁偏角。

崇祯改历时,徐光启就地磁学在天文学领域的应用做了进一步推广。这集中反映于崇祯三年(1630)十一月二十四日徐光启《测候月食奉旨回奏疏》中。崇祯十一年(1638),陈子龙等选辑的《皇明经世文编·徐文定公集》收录了此疏,历局刊行的《治历缘起》也收录了此疏。

南宋虽有人已知罗盘磁角现象,但直至明末仍未深究。徐光启指出:"指南针者,今术人恒用以定南北,凡辨方正位皆取则焉,然所得子午非子午。"他又指出:"向来言阴阳者,多云泊于丙午之间,今以法考之,实各处不同。"他还进一步指出了北京的偏磁角:"在京师则偏东五度四十分。"磁

---

① 徐光启. 徐光启集. 王重民,辑校. 上海:上海古籍出版社,1984:424.
② 参考:王庆余. 徐光启对地磁学的贡献. 自然杂志,1984(1):65-66.

针偏东,反映在日晷上则是时辰提早。徐具体指出:"若凭以造晷,则冬至午正先天一刻四十四分有奇,夏至午正先天五十一分有奇。"他的研究反映了明末我国对地磁认识的深化。

要得出正确的磁偏角数值,必须制造高质量的罗经。徐光启认为:"然此偏东之度,必造针用磁,悉皆合法,……磁石同居之针,杂乱无法,所差度分,无定数也。"

由于罗经针体微细难得真确,故徐光启主张将罗经与表臬、立运仪等"参互考合,务得子午卯酉真线"。他主张以正线罗经校定本地子午真线,并由此校定日、星两晷和壶漏,从而得其天正时刻。

徐光启关于磁偏角的基本看法,被载入《明史·天文志》中。这充分说明了徐光启的地磁学贡献在天文学史上的重要地位。

(2)徐光启的数学哲学思想①

徐光启的数学哲学思想主要是:推崇逻辑演绎方法,会通中西数学,重视数学应用。在数学方面,他翻译了《几何原本》《测量法义》,撰写了《勾股义》《测量异同》,将西方三角学与测量方法引入我国;编撰了《崇祯历书》137卷,系统介绍了三角学、天文学。

1)推崇逻辑演绎方法

我国古代的数学代表作《九章算术》以"术"为主,即计算法,不求逻辑推理。欧几里得的《几何原本》,首次总结了希腊人的数学知识,构成了一个标准化的演绎体系。书中列出了23条定义,以5条公设和5条公理为基础,演绎证明了467条定理。从概念、公理出发,按逻辑规则,定义出其他相关概念,推演出其他有关命题(定理)的一种演绎方法称为公理方法。徐光启推崇《几何原本》的逻辑体系和方法,是有道理的。他还在《测候月食奉旨回奏疏》中阐明了数学中演绎论证的极端重要性:"理不明不能立法,义不辨不能著数,明理辨义,推究颇难;法立数著,遵循甚易。"

---

① 参考:汤彬如. 徐光启的数学哲学思想——纪念《几何原本》中译400周年. 南昌教育学院学报,2007,22(4):12-14.

2) "会通"中西数学

徐光启编撰《崇祯历书》时提出了"会通"中西数学的观点,因时人尊古而排斥西方数学,故提"会通"堵人之嘴。他翻译《几何原本》时,"以中夏之文重复订正,凡三易稿"(39),即尽量参照中国传统数学选用词汇。《勾股义》《测量异同》更是"会通"中西甚至"超胜"西方之作。

3) 重视数学应用

徐光启重视数学应用,撰写的《刻几何原本序》,500 多字中有 11 个"用"字。1629 年上疏条陈"度数旁通十事",列举数学在气象、水利、音乐、军事、建筑、财经、机械、地理、医学、钟表制造等十方面的应用。撰写《勾股义》则为兴修水利之需要,"西北治河,东南治水利……恐此法(勾股义)终不可废也"(213)。

(3) 对中国近代数学观的构建

自汉武帝"罢黜百家,独尊儒术",至明大量知识分子"皓首穷经",一生致力于八股文,极少人致力于科学,并对技术鄙薄,视之为"奇技淫巧",中国古代数学发展越来越走向停滞和僵化,明代中国数学已落后于外国。

徐光启在《刻同文算指序》中分析了 1314 年后中国数学停滞的原因,"其一为名理之儒土苴天下之实事,其一为妖妄之术谬言数有神理,能知来藏往,靡所不效"。即第一个原因是当时的士大夫轻视一切实用之学;第二个原因是数学的神秘思想,将数学与人事牵强附会联系。

1) 对数学学科本土化的构建①

徐光启非常了解儒学对其他学科的制约力量,于是在儒学内找论据,以对数学学科重新定位。他利用儒家崇古之风指出:"唐、虞之世,自羲、和治历,暨司空、后稷、工、虞、典乐五官者,非度数不为功。《周官》六艺,数与居一焉,而五艺者,不以度数从事,亦不得工也。"(35)其意即上古"三代""西周"均非常尊崇数学,从而为数学学科发展找到了理论依据。为了

---

① 参考:郑志鹏.试论徐光启对中国近代数学观的构建.山西大同大学学报(自然科学版),2013,29(2):91-93.

破除鄙视数学的观念,他以朝廷官员身份翻译科学书籍,身体力行倡导数学,译《几何原本》《测量法义》,撰中西方法对比的《测量异同》;又与弟子孙元化合作撰写关于中国古代数学知识的《勾股义》。这些工作对破除当时社会不重视数学学科发展的传统具有积极意义。徐光启进一步指出,"顾惟先生之学,略有三种,大者修身事天,小者格物穷理,物理之一端,别为象数"(36)。徐光启明确提出,格物穷理之学为一种不同于传统道德哲学的独立知识体系,并认为"象数"之学为"物理之一端",即既可理解为数学被包括在自然科学之中,也可理解为数学在科学中居于首要位置。

2) 对数学与其他学科关系的论证

西方第一个提出"实验科学"这一术语的罗杰·培根(Roger Bacon)认为,数学是一切其他科学的门径和钥匙[1]。而中国古代科学,并未过多地将数学应用于其他学科中,多为技术的经验总结,即中国古代科学未成体系。徐光启提出了以数学发展为先导,通过数学发展促使其他科学"度数旁通"的观念,即以数学带动其他学科,数学为其他学科的"斧斤寻尺"(基本工具),"盖凡物有形有质,莫不资于度数"[2]。

五、编选说明

本书的编选有几点需要说明:一是代表性译文部分分为"译著""撰著"两部分,收录的徐光启"撰著"实际上是其译著的"延伸"(将《测量异同》《勾股义》单列为"撰著"的原因前文已有多处论及)。二是本书收录了徐光启的大多数译著,除《几何原本》因体量较大采用节选以外,其他著作均为全录,读者几乎可以领略到完整的徐译。三是在收录译著的同时,收录了各类序言、杂议、点校说明等辅文,方便读者理解作品的背景及意义。

① 参见:李建珊.论近代科学方法的起源与发展.广州大学学报(社会科学版),2005,4(11):13.
② 徐光启.条议历法修正岁差疏//徐光启.徐光启集.王重民,辑校.上海:上海古籍出版社,1984:338.

四是为加强阅读的流畅性,将原文中的小字号说明文字均改为小字号括注形式。

本书编选主要依据的是上海古籍出版社于 2011 年出版的《徐光启全集》,该书由朱维铮、李天纲主编。收录作品的点校者为王红霞、李天纲等人。这里向原出版社及点校者表示衷心感谢。本书在编选时,多处参考了王重民辑校的《徐光启集》,在此深表感谢。

在编选、编辑过程中,我们以尽量不改动原文为原则,即便是"廿"与"二十"、"卅"与"三十"、"版"与"板"之类的混用,亦从原稿,仅对其文字进行了繁简转化,并对个别句读、文字及内容差错进行了调整和修改,对因竖排文本表达需要的"如左"改为"如下"。特此说明。

上编

译　著

几何原本(节录)①

1 刻几何原本序

　　唐、虞之世,自羲、和治历,暨司空、后稷、工、虞、典乐五官者,非度数不为功。《周官》六艺,数与居一焉,而五艺者,不以度数从事,亦不得工也。襄、旷之于音,般、墨之于械,岂有他谬巧哉? 精于用法尔已。故尝谓三代而上,为此业者盛,有元元本本、师传曹习之学,而毕丧于祖龙之焰。汉以来多任意揣摩,如盲人射的,虚发无效;或依拟形似,如持萤烛象,得首失尾。至于今而此道尽废,有不得不废者矣。

　　《几何原本》者,度数之宗,所以穷方圆平直之情,尽规矩准绳之用也。利先生从少年时,论道之暇,留意艺学,且此业在彼中所谓师传曹习者,其师丁氏,又绝代名家也,以故极精其说。而与不佞游久,讲谭余晷,时时及之。因请其象数诸书,更以华文。独谓此书未译,则他书俱不可得论,遂共翻其要约六卷。既卒业而复之,由显入微,从疑得信。盖不用为用,众用所基,真可谓万象之形囿,百家之学海,虽实未竟,然以当他书,既可得而论矣。

①　节录自:王红霞点校,《几何原本》。朱维铮、李天纲主编,《徐光启全集》,上海古籍出版社,2011年。

私心自谓,不意古学废绝二千年后,顿获补缀唐、虞、三代之阙典遗义,其裨益当世,定复不小。因偕二三同志,刻而传之。

先生曰:"是书也,以当百家之用,庶几有羲、和、般、墨其人乎,犹其小者,有大用于此,将以习人之灵才,令细而确也。"余以谓小用大用,实在其人。如邓林伐材,栋梁榱桷,恣所取之耳。顾惟先生之学,略有三种,大者修身事天,小者格物穷理,物理之一端,别为象数,一一皆精实典要,洞无可疑,其分解擘析,亦能使人无疑。而余乃亟传其小者,趋欲先其易信,使人绎其文,想见其意理,而知先生之学可信不疑。大概如是,则是书之为用更大矣。他所说几何诸家,借此为用,略具其自叙中,不备论。吴淞徐光启书。

2　译几何原本引

夫儒者之学,亟致其知。致其知,当由明达物理耳。物理眇隐,人才顽昏,不因既明累推其未明,吾知奚至哉? 吾西陬国虽褊小,而其庠校所业格物穷理之去视诸列邦为独备焉,故审究物理之书极繁富也。彼士立论宗旨,惟尚理之所据,弗取人之所意。盖曰:"理之审,乃令我知。若夫人之意,又令我意耳,知之谓,谓无疑焉,而意犹兼疑也。"然虚理隐理之论,虽据有真指,而释疑不尽者,尚可以他理驳焉,能引人以是之,而不能使人信其无或非也。独实理者明理者剖散心疑,能强人不得不是之,不复有理以疵之,其所致之知,且深且固,则无有若几何一家者矣。

几何家者,专察物之分限者也。其分者,若截以为数,则显物几何众也;若完以为度,则指物几何大也。其数与度,或脱于物体而空论之,则数者立算法家,度者立量法家也。或二者在物体,而偕其物议之,则议数者,如在音相济为和,而立律吕乐家;议度者,如在动天迭运为时,而立天文历家也。此四大支流,析百派。

其一量天地之大,若各重天之厚薄,日月星体去地远近几许、大小几倍,地球围径道里之数;又量山岳与楼台之高,井谷之深,两地相距之远近,土田城郭宫室之广袤,廪庾大器之容藏也。

其一测景以明四时之候,昼夜之长短,日出入之辰,以定天地方位,岁首、三朝,分、至启闭之期,闰月之年,闰日之月也。

其一造器以仪天地,以审七政次舍,以演八音,以自鸣知时,以便民用,以祭上帝也。

其一经理水、土、木、石诸工,筑城郭,作为楼台宫殿,上栋下宇,疏河注泉,造作桥梁。如是诸等营建,非惟饰美观好,必谋度坚固,更千万年不圮不坏也。

其一制机巧,用小力转大重,升高致远,以运刍粮,以便泄注,干水地,水干地,以上下舫舶。如是诸等机器,或借风气,或依水流,或用轮盘,或设关捩,或恃空虚也。

其一察目视势,以远近、正邪、高下之差照物状,可画立圆立方之度数于平版之上,可远测物度及真形,画小使目视大,画近使目视远,画圜使目视球,画像有坳突,画室屋有明暗也。

其一为地理者,自舆地山海全图,至五方四海,方之各国,海之各岛,一州一郡,金布之简中,如指掌焉。全图与天相应,方之图与全相接,宗与支相称,不错不紊,则以图之分寸尺寻,知地海之百千万里,因小知大,因迩知遐,不误观览,为陆海行道之指南也。

此类皆几何家正属矣。若其余家,大道小道,无不借几何之论以成其业者。夫为国从政,必熟边境形势、外国之道里远近、壤地广狭,乃可以议礼宾来往之仪,以虞不虞之变。不尔,不妄惧之,必误轻之矣。不计算本国生耗出入钱谷之凡,无以谋其政事。自不知天文,而特信他人传说,多为伪术所乱荧也。农人不预知天时,无以播殖百嘉种,无以备旱干水溢之灾而保国本也。医者不知察日月五星躔次与病体相视乖和逆顺,而妄施药石针砭,非徒无益,抑有大害,故时见小恙微痾,神药不效,少壮多夭折,盖不明天时故耳。商贾懵于计会,则百货之贸易、子母之入出、侪类之衰分咸晦混，或欺其偶，或受其偶欺，均不可也。今不暇详诸家借几何之术者。

惟兵法一家，国之大事、安危之本，所须此道尤最亟焉。故智勇之将，必先几何之学。不然者，虽智勇无所用之。彼天官时日之属，岂良将所留心乎？良将所急，先计军马刍粟之盈诎，道里地形之远近、险易、广狭、死生。次计列营布阵，形势所宜，或用圆形以示寡，或用角形以示众；或为却月象以围敌，或作锐势以溃散之。其次策诸攻守器械，熟计便利，展转相胜，新新无已。备观列国史传所载，谁有经营一新巧机器，而不为战胜守固之借者乎？以众胜寡，强胜弱，奚贵？以寡弱胜众强，非智士之神力不能也。以余所闻，吾西国千六百年前，大主教未大行，列国多相并兼，其间英士有能以羸少之卒，当十倍之师，守孤危之城，御水陆之攻，如中夏所称公输、墨翟九攻九拒者，时时有之。彼操何术以然？熟于几何之学而已。

以是可见此道所关世用至广至急也。是故经世之隽伟志士，前作后述，不绝于世，时时绍明增益，论撰綦为盛隆焉。

乃至中古，吾西庠特出一闻士，名曰欧几里得，修几何之学，迈胜先士而开迪后进，其道益光，所制作甚众甚精，生平著书，了无一语可疑惑者，其《几何原本》一书，尤确而当。曰"原本"者，明几何之所以然，凡为其说者无不由此出也。故后人称之曰："欧几里得以他书逾人，以此书逾己。"今详味其书，规摹次第，洵为奇矣。题论之首，先标界说；次设公论、题论所据；次乃具题，题有本解，有作法，有推论，先之所征，必后之所恃。十三卷中，五百余题，一脉贯通，卷与卷、题与题相结倚，一先不可后，一后不可先，累累交承，至终不绝也。初言实理，至易至明，渐次积累.终竟乃发奥微之义。若暂观后来一二题旨，即其所言，人所难测，亦所难信，及以前题为据，层层印证，重重开发，则义如列眉，往往释然而失笑矣。千百年来，非无好胜强辩之士，终身力索，不能议其只字。若夫从事几何之学者，虽神明天纵，不得不借此为阶梯焉。此书未达而欲坐进其道，非但学者无所指其意，即教者亦无所指其口也。吾西庠如向所云，几何之属几百家，为书无虑万卷，皆以此书为基。每立一义，即引为证据焉。用他书证者，必标其名，用此书证者，直云某卷某题而已，视为几何家之日用饮食也。

至今世又复崛起一名士,为窦所从学几何之本师,曰丁先生,开廓此道,益多著述。窦昔游西海,所过名邦,每遘颖门名家,辄言后世不可知,若今世以前,则丁先生之于几何无两也。先生于此书,覃精已久,既为之集解,又复推求续补,凡二卷,与元书都为十五卷。又每卷之中,因其义类,各造新论,然后此书至详至备。其为后学津梁,殆无遗憾矣。

窦自入中国,窃见为几何之学者,其人与书信自不乏,独未睹有原本之谕。既阙根基,遂难创造,即有斐然述作者,亦不能推明所以然之故。其是者,己亦无从别白;有谬者,人亦无从辨正。当此之时,遽有志翻译此书,质之当世贤人君子,用酬其嘉信旅人之意也。而才既菲薄,且东西文理又自绝殊,字义相求,仍多阙略,了然于口,尚可勉图,肆笔为文,便成艰涩矣。嗣是以来,屡逢志士,左提右挈,而每患作辍,三进三止。呜呼!此游艺之学,言象之粗,而龃龉若是。允哉,始事之难也!有志竟成,以需今日。

岁庚子,窦因贡献,侨邸燕台。癸卯冬,则吴下徐太史先生来。太史既自精心,长于文笔,与旅人辈交游颇久,私计得与对译,成书不难,于时以计偕至。及春荐南宫,选为庶常,然方读中秘书,时得晤言,多咨论天主大道,以修身昭事为急,未遑此土苴之业也。客秋,乃询西庠举业,余以格物实义应。及谭几何家之说,余为述此书之精,且陈翻译之难,及向来中辍状。先生曰:“吾先正有言,一物不知,儒者之耻。今此一家已失传,为其学者,皆暗中摸索耳。既遇此书,又遇子不骄不吝,欲相指授,岂可畏劳玩日,当吾世而失之?呜呼!吾避难,难自长大;吾迎难,难自消微。必成之。”先生就功,命余口传,自以笔受焉。反复展转,求合本书之意,以中夏之文重复订正,凡三易稿。先生勤,余不敢承以怠。迄今春首,其最要者前六卷获卒业矣。但欧几里得本文,已不遗旨,若丁先生之文,惟译注首论耳。太史意方锐,欲竟之,余曰:“止,请先传此,使同志者习之。果以为用也,而后徐计其余。”太史曰:“然。是书也,苟为用,竟之何必在我?”遂辍译而梓,是谋以公布之,不忍一日私藏焉。

梓成,窦为撮其大意,弁诸简端。自顾不文,安敢窃附述作之林?盖聊叙本书指要,以及翻译因起,使后之习者,知夫创通大义,缘力俱艰,相共增修,以终美业。庶俾开渗之士,究心实理,于向所陈百种道艺,咸精其能,上为国家立功立事,即窦辈数年来旅食大官,受恩深厚,亦得借手万分之一矣。万历丁未,泰西利玛窦谨书。

3　几何原本杂议

下学工夫,有理有事。此书为益,能令学理者祛其浮气,练其精心;学事者资其定法,发其巧思。故举世无一人不当学。闻西国古有大学,师门生常数百千人,来学者先问能通此书,乃听入。何故?欲其心思细密而已。其门下所出名士极多。

能精此书者,无一事不可精;好学此书者,无一事不可学。

凡他事,能作者能言之,不能作者亦能言之。独此书为用,能言者即能作者;若不能作,自是不能言。何故?言时一毫未了,向后不能措一语,何由得妄言之?以故精心此学,不无知言之助。

凡人学问,有解得一半者,有解得十九或十一者。独几何之学,通即全通,蔽即全蔽,更无高下分数可论。

人具上资,而意理疏莽,即上资无用。人具中材,而心思缜密,即中材有用。能通几何之学,缜密甚矣。故率天下之人而归于实用者,是或其所由之道也。

此书有四不必:不必疑,不必揣,不必试,不必改。有四不可得:欲脱之不可得,欲驳之不可得,欲减之不可得,欲前后更置之不可得。有三至三能:似至晦,实至明,故能以其明明他物之至晦;似至繁,实至简,故能以其简简他物之至繁;似至难,实至易,故能以其易易他物之至难。易生于简,简生于明,综其妙,在明而已。

此书为用至广,在此时尤所急须。余译竟,随偕同好者梓传之。利先生作叙,亦最喜其亟传也。意皆欲公诸人人,令当世亟习焉。而习者盖寡。窃意百年之后,必人人习之,即又以为习之晚也。而谬谓余先识。余何先识之有?

有初览此书者,疑奥深难通,仍谓余当显其文句。余对之:度数之理,本无隐奥。至于文句,则尔日推敲再四,显明极矣。倘未及留意,望之似奥深焉。譬行重山中,四望无路,及行到彼,蹊径历然。请假旬日之功,一究其旨,即知诸篇自首迄尾,悉皆显明文句。

几何之学,甚有益于致知。明此,知向所揣摩造作而自诡为工巧者,皆非也,一也。明此,知吾所已知者不若吾所未知之多,而不可算计也,二也。明此,知向所想象之理,多虚浮而不可接也,三也。明此,知向所立言之可得而迁徙移易也,四也。

此书有五不可学:躁心人不可学,粗心人不可学,满心人不可学,妒心人不可学,傲心人不可学。故学此者不止增才,亦德基也。

昔人云:"鸳鸯绣出从君看,不把金针度与人。"吾辈言几何之学,正与此异。因反其语曰:"金针度去从君用,未把鸳鸯绣与人。"若此书者,又非止金针度与而已,只是教人草冶铁,抽线造针,又是教人植桑饲蚕,涷丝染缕。有能此者,其绣出鸳鸯,直是等闲细事。然则何故不与绣出鸳鸯?曰:能造金针者能绣鸳鸯,方便鸳鸯者谁肯造金针? 又恐不解造金针者,菟丝棘刺,聊作鸳鸯也。其要欲使人人真能绣鸳鸯而已。[①]

4 题几何原本再校本

是书刻于丁未岁,板留京师。戊申春,利先生以校正本见寄,令南方

---

① 最后 3 段文字在王红霞点校本中无,本书根据王重民辑校的《徐光启集》增补。

有好事者重刻之,累年来竟无有,校本留置家塾。暨庚戌北上,先生没矣。遗书中得一本,其别后所自业者,校订皆手迹。追惟籝灯函丈时,不胜人琴之感。其友庞、熊两先生,遂以见遗,庋置久之。辛亥夏季,积雨无聊,属都下方争论历法事,余念牙弦一辍,行复五年,恐遂遗忘,因偕二先生重阅一过,有所增定,比于前刻,差无遗憾矣。续成大业,未知何日,未知何人,书以俟焉。

5 第一卷之首_(界说三十六,求作四,公论十九)

～ 界说三十六则 ～

凡造论,先当分别解说论中所用名目,故曰界说。

凡历法、地理、乐律、算章、技艺、工巧诸事,有度有数者①,皆依赖十府中几何府属②。凡论几何,先从一点始,自点引之为线,线展为面,面积为体,是名"三度"。

第一界

点者无分。

无长短广狭厚薄。如下图(凡图十干为识,干尽用十二支,支尽用八卦、八音)。

甲
·

———————————

① "者",墨校删。
② "皆依……府属",墨校加删除括号,即"(皆依……府属)"。

第二界

线有长无广。

试如一平面，光照之，有光无光之间不容一物，是线也。真平真圆相遇，其相遇处止有一点，行则止有一线。

甲　　　　乙

线有直、有曲。

第三界

线之界是点（凡线有界者，两界必是点）。

第四界

直线止有两端，两端之间，上下更无一点。

两点之间至径者，直线也。稍曲，则绕而长矣。

直线之中点能遮两界。

凡量远近，皆用直线。

甲乙丙是直线，甲丁丙、甲戊丙、甲己丙皆是曲线。

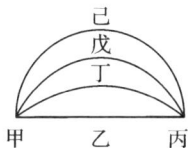

己
戊
丁
甲　　乙　　丙

第五界

面者，止有长有广。

一体所见为面。

凡体之影，极似于面（无厚之极）。

想一线横行①,所留之迹即成面也②。

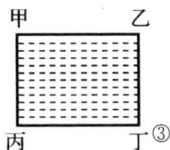

第六界

面之界是线。

第七界

平面一面平,在界之内④。

平面中间线能遮两界。

平面者,诸方皆作直线⑤。

试如一方面。用一直绳施于一角,绕面运转,不碍于空⑥,是平面也。

若曲面者,则中间线不遮两界。

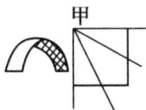

第八界

平角者,两直线于平面纵横相遇交接处⑦。

---

① "想",墨校改作"设想"。
② "所留",墨校改作"其所留"。
③ 此处墨校增"甲乙线行至丙丁,其迹成甲乙丙丁面"。
④ 全句墨校改作"平面是一面平,而在界之内"。
⑤ 全句墨校先改作"平面者,诸方皆其界,作直线",后加删除括号。
⑥ "不碍于空",墨校改作"不碍不空"。
⑦ "两直线"上墨校增"乃"。"交接处",墨校改作"交接之处"。

凡言甲乙丙角,皆指平角。

如上,甲乙、乙丙二线,平行相遇,不能作角①。

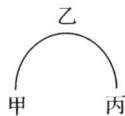

如上,甲乙、乙丙二线,虽相遇,不作平角,为是曲线。

所谓角,止是两线相遇,不以线之大小较论②。

第九界

直线相遇,作角为直线角③。

平地两直线相遇,为直线角。本书中所论,止是直线角。但作角有三等,今附著于此:一直线角,二曲线角,三杂线角。如下六图。

直一　　曲三　　　杂二

第十界

直线垂于横直线之上,若两角等④,必两成直角⑤,而直线下垂者,谓之横线之垂线。

量法常用两直角及垂线⑥。垂线加于横线之上,必不作锐角及钝角。

---

① "不"上墨校增"则"。
② "大小",墨校改作"长短"。
③ "作角",墨校改作"所作之角"。
④ "若两角等",墨校改作"若两角相等"。
⑤ "必两成直角",墨校改作"则两皆成正角"。
⑥ "量法……垂线",全句墨校加删除括号。

若甲乙线至丙丁上,则乙之左右作两角相等,为直角①,而甲乙为垂线。

若甲乙为横线,则丙丁又为甲乙之垂线。何者?丙乙与甲乙相遇,虽止一直角②,然甲线若垂下过乙,则丙线上下定成两直角③,所以丙乙亦为甲乙之垂线(如今用矩尺,一纵一横,互相为直线,互相为垂线)。

凡直线上有两角相连,是相等者④,定俱直角,中间线为垂线⑤。

反用之,若是直角,则两线定俱是垂线⑥。

第十一界

凡角大于直角,为钝角。

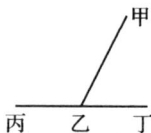

如甲乙丙角与甲乙丁角不等,而甲乙丙大于甲乙丁,则甲乙丙为钝角。

第十二界

凡角小于直角,为锐角。

如前图甲乙丁是。

通上三界论之,直角一而已⑦,钝角、锐角,其大小不等⑧,乃至无数⑨。

---

① “直角”,墨校改作“正角”。
② “直角”,墨校改作“正角”。
③ “直角”,墨校改作“正角”。
④ “是相等者”,墨校改作“且相等者”。
⑤ “中间线为垂线”,墨校改作“其上下线为垂线”。
⑥ 全句墨校改作“反之,若相连之角是直角,则两线必一是垂线,一是横线”。
⑦ “一”,墨校改作“则一”。
⑧ “其”,墨校改作“则有”。
⑨ “乃”,墨校改作“及”。

是后凡指言角者①，俱用三字为识②，其第二字即所指角也③。如前图甲乙丙三字，第二乙字即所指钝角④；若言甲乙丁，即第二乙字是所指锐角⑤。

第十三界

界者，一物之始终。

今所论有三界：点为线之界，线为面之界，面为体之界。体不可为界。

第十四界

或在一界或在多界之间为形⑥。

一界之形，如平圆、立圆等物⑦；多界之形，如平方、立方⑧，及平、立三角、六、八角等物⑨。图见后卷。

第十五界

圜者，一形于平地居一界之间⑩，自界至中心作直线，俱等。

若甲乙丙为圜，丁为中心，则自甲至丁与乙至丁、丙至丁，其线俱等。

---

① "指""者"，墨校删。
② "俱"，墨校改作"则"。"为识"，墨校改作"名之"。
③ "所"，墨校删。
④ "所"，墨校删。
⑤ "是所"，墨校删。
⑥ "之间为形"，墨校改作"之间者，为形，形有平有立"。
⑦ "如"，墨校改作"即"。
⑧ "如"，墨校改作"即"。
⑨ "平、立三角、六、八角"，墨校改作"平，三角、立三角，平立六、八角"。
⑩ "一形……之间"，墨校改作"乃一平圆居一界之间"。

外圆线为圜之界,内形为圜。

一说圜是一形,乃一线屈转一周,复于元处所作。如上图,甲丁线转至乙丁,乙丁转至丙丁,丙丁又至甲丁,复元处,其中形即成圜。

第十六界

圜之中处为圜心。

第十七界

自圜之一界作一直线,过中心至他界,为圜径。径分圜,两平分。

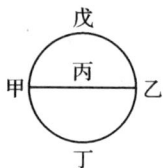

甲丁乙戊圜,自甲至乙过丙心作一直线,为圜径。

第十八界

径线与半圜之界所作形为半圜。

第十九界

在直线界中之形,为直线形①。

第二十界

在三直线界中之形为三边形。

第二十一界

在四直线界中之形为四边形。

---

① "为"上墨校增"不论何方"。

第二十二界

在多直线界之形为多边形(五边以上俱是)。

第二十三界

三边形,三边线等①,为平边三角形②。

第二十四界

三边形,有两边线等③,为两边等三角形④(或锐,或钝)。

第二十五界

三边形,三边线俱不等⑤,为三不等三角形⑥。

---

① "三边线等",墨校改作"其三边线相等者"。
② "为",墨校改作"则为"。
③ "有……等",墨校改作"其两边相等者"。
④ "为",墨校改作"则为"。
⑤ "不等",墨校改作"不相等者"。
⑥ "为",墨校改作"则为"。

第二十六界

三边形,有一直角①,为三边直角形②。

第二十七界

三边形,有一钝角③,为三边钝角形。

第二十八界

三边形,有三锐角④,为三边各锐角形。

凡三边形,恒以在下者为底⑤,在上二边为腰。

第二十九界

四边形,四边线等而角直⑥,为直角方形⑦。

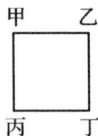

---

① "直角",墨校改作"正角者"。
② "直角形",墨校改作"正角形"。
③ "有一钝角",墨校改作"有一钝角者"。
④ "有三锐角",墨校改作"有三锐角者"。
⑤ "恒",墨校改作"均"。"者",墨校改作"之线"。
⑥ "而角直",墨校改作"而其四角皆正者"。
⑦ "为直角方形",墨校改作"为正角方形"。

第三十界

直角形①，其角俱是直角②，其边两两相等。

如上甲乙丙丁形，甲乙边与丙丁边自相等，甲丙与乙丁自相等。

第三十一界

斜方形四边等，但非直角③。

第三十二界

长斜方形，其边两两相等，但非直角④。

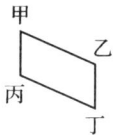

第三十三界

已上方形四种，谓之有法四边形。四种之外，他方形皆谓之无法四

---

① "直角形"，墨校改作"正角长方形"。
② "直角"，墨校改作"正角者"。
③ 全句墨校改作"斜方形是四边等，而非正角"。
④ 全句墨校改作"长斜方形是其边两两相等而非正角"。

边形①。

第三十四界

两直线于面行至无穷,不相离,亦不相远②,而不得相遇③,为平行线。

甲 ——————— 乙

丙 ——————— 丁

第三十五界

一形,每两边有平行线④,为平行线方形。

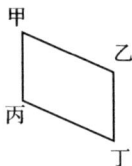

第三十六界

凡平行线方形,若于两对角作一直线,其直线为对角线。又于两边纵横各作一平行线,其两平行线与对角线交罗相遇,即此形分为四平行线方形。其两形有对角线者,为角线方形;其两形无对角线者,为余方形。

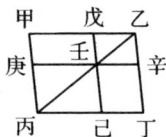

---

① "他",墨校改作"他样"。"之",墨校删。
② "不相离,亦不相远",墨校改作"而不相离,不相远"。
③ "而不得相遇",墨校改作"亦不得相遇者"。
④ "每两",墨校改作"每相对两"。

甲乙丁丙方形,于丙乙两角作一线,为对角线。又依乙丁平行作戊己线,依甲乙平行作庚辛线,其对角线与戊己、庚辛两线交罗相遇于壬,即作大小四平行线方形矣。则庚壬己丙及戊壬辛乙两方形谓之角线方形,而甲庚壬戊及壬己丁辛谓之余方形。

～～ 求作四则 ～～

求作者不得言不可作。

第一求

自此点至彼点,求作一直线。

此求亦出上篇。盖自此点直行至彼点,即是直线。

自甲至乙,或至丙、至丁,俱可作直线。

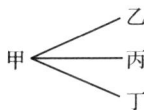

第二求

一有界直线,求从彼界直行引长之。

甲　乙　丙　丁

如甲乙线,从乙引至丙,或引至丁,俱一直行。

第三求

不论大小,以点为心,求作一圜。

第四求

设一度于此，求作彼度，较此度或大或小（凡言度者，或线，或面，或体，皆是）。

或言较小作大可作，较大作小不可作。何者？小之至极，数穷尽故也。此说非是。凡度与数不同。数者，可以长，不可以短，长数无穷，短数有限。如百数减半成五十，减之又减，至一而止，一以下不可损矣。自百以上，增之可至无穷。故曰可长不可短也。度者，可以长，亦可以短。长者，增之可至无穷；短者，减之亦复无尽。尝见庄子称："一尺之棰，日取其半，万世不竭。"亦此理也。何者？自有而分，不免为有，若减之可尽，是有化为无也。有化为无①，犹可言也。令已分者更复合之②，合之又合，仍为尺棰。是始合之初③，两无能并为一有也④。两无能并为一有，不可言也⑤。

∽∽ 公论十九则 ∽∽

公论者不可疑。

---

① 句首墨校增"如此之"。
② "令"，墨校改作"盖"。
③ "是始合之初"，墨校改作"若始合之初是无"。
④ 句首墨校增"则"。
⑤ 句末墨校增夹注"若减之可尽，是有化为无也。如此之有化为无，犹可言也"。

第一论

设有多度,彼此俱与他等,则彼与此自相等①。

第二论

有多度等,若所加之度等,则合并之度亦等②。

第三论

有多度等③,若所减之度等④,则所存之度亦等⑤。

第四论

有多度不等⑥,若所加之度等⑦,则合并之度不等⑧。

第五论

有多度不等⑨,若所减之度等⑩,则所存之度不等⑪。

第六论

有多度俱倍于此度⑫,则彼多度俱等⑬。

---

① 全句墨校改作"设有诸度,各与他度等,则诸度彼此自相等"。
② 全句墨校改作"有诸度等,而所加之度亦等,则合并之度亦等"。
③ "多",墨校改作"诸"。
④ "若",墨校改作"而"。"等",墨校改作"亦等"。
⑤ "存",墨校改作"余"。
⑥ "多",墨校改作"诸"。
⑦ "若",墨校改作"而"。
⑧ "不等",墨校改作"亦不等"。
⑨ "多",墨校改作"诸"。
⑩ "若",墨校改作"而"。
⑪ "存",墨校改作"余"。"不等",墨校改作"亦不等"。
⑫ "多",墨校改作"诸"。"俱",墨校改作"各"。"此",墨校改作"他一"。
⑬ "彼多",墨校改作"诸"。

第七论

有多度俱半于此度①,则彼多度亦等②。

第八论

有二度自相合,则二度必等③(以一度加一度之上)。

第九论

全大于其分(如一尺大于一寸。寸者,全尺中十分中之一分也)。

第十论

直角俱相等④(见界说十)。

第十一论

有二横直线,或正或偏,任加一纵线,若三线之间同方两角小于两直角⑤,则此二横直线愈长愈相近,必至相遇。

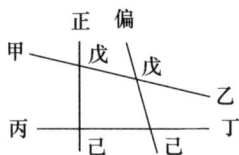

甲乙、丙丁二横直线,任意作一戊己纵线,或正或偏,若戊己线旁同方两角俱小于直角⑥,或并之小于两直角,则甲乙、丙丁线愈长愈相近,必有相遇之处。

————————————

① "多",墨校改作"诸"。"此",墨校改作"他一"。
② "彼多",墨校改作"诸"。
③ "则"上墨校增"或各可盛于一地位"。
④ "直角",墨校改作"正角"。
⑤ "同方",墨校改作"同边"。
⑥ "同方两角俱小于",墨校改作"同面两角,即戊己丁、己戊乙,或各小于"。

欲明此理,宜察平行线不得相遇者(界说卅四)。加一垂线,即三线之间定为直角,便知此论两角小于直角者,其行不得不相遇矣。

（编者注：共十九论,第十一论后内容略。）

6 第二卷

第一题

两直线①,任以一线任分为若干分②,其两元线矩内直角形与不分线偕诸分线矩内诸直角形并等③。

解曰④：甲与乙丙两线,如以乙丙三分之为乙丁、丁戊、戊丙⑤。题言甲偕乙丙矩线内直角形与甲偕乙丁、甲偕丁戊、甲偕戊丙三矩线内直角形并等⑥。

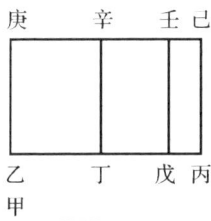

---

① "两直线",墨校改作"有两直线"。
② "以",墨校改作"取"。"任分",墨校改作"分"。
③ 两"矩内",墨校均改作"矩内之"。"不分线偕",墨校改作"囫囵线及"。
④ "解曰",墨校改作"设有"。
⑤ "如以……分之",墨校改作"如将乙丙分为三"。
⑥ "题言",墨校改作"则"。各"偕"字,墨校均改作"及"。"乙丙矩线内",墨校改作"乙丙矩线内之"。"三矩线内",墨校改作"三矩线内之三个"。

论曰:试作乙己直角形在乙丙偕等甲之己丙矩线内①(作法:于乙界作庚乙、丙界作己丙两垂线,俱与甲等,为平行;次作庚己直线与乙丙平行),次于丁戊两点作辛丁、壬戊两垂线,与庚乙、己丙平行(一卷卅三)。其辛丁与庚乙、壬戊与己丙既平行②,则辛丁与壬戊亦平行,而辛丁、壬戊与己丙等③,即亦与甲等(一卷卅四)。如此,则乙辛直角形在甲偕乙丁矩线内④,丁壬直角形在甲偕丁戊矩线内⑤,戊己直角形在甲偕戊丙矩线内⑥,并之,则三矩内直角形与甲偕乙丙两元线矩内直角形等⑦。

注曰:二卷前十题皆言线之能也(能者,谓其上能为直角形也。如十尺线,其上能为百尺方形之类)。其说与算数最近,故九卷之十四题俱以数明。此十题之理,今未及详,因题意难显,略用数明之⑧。如本题,设两数当两线,为六、为十,以十任三分之⑨,为五、为三、为二,六乘十为六十之一大实⑩,与六乘五为三十及六乘三为十八、六乘二为十二之三小实并等⑪。

第二题

一直线,任两分之,其元线上直角方形与元线偕两分线两矩内直角形并等⑫。

---

① "在乙丙偕等甲",墨校改作"在乙丙及等与甲"。
② "其",墨校改作"夫"。
③ "而",墨校删。
④ "偕",墨校改作"与"。
⑤ "偕",墨校改作"与"。
⑥ "偕",墨校改作"与"。
⑦ "三矩内",墨校改作"三矩内之"。"偕",墨校改作"与"。
⑧ "故九卷……明之",墨校加删除括号。
⑨ "以十任三分之",墨校改作"将十任分为三"。
⑩ "之",墨校改作"乃"。
⑪ "及",墨校删。"之三小实并等",墨校改作"此乃三小实,其一大实自然等与三个小实(实者,二数相乘而得之数也)"。
⑫ "上",墨校改作"上之"。"两分线两矩内直角形",墨校改作"每分线所含之两个直角形"。

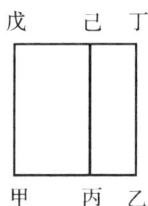

解曰①:甲乙线,任两分于丙。题言甲乙上直角方形与甲乙偕甲丙、甲乙偕丙乙两矩线内直角形并等②。

论曰:试于甲乙线上作甲丁直角方形,从丙点作己丙垂线与甲戊、乙丁平行③(一卷卅一)。其甲戊与甲乙既等④(一卷卅四),则甲己直角形在甲乙、甲丙矩线内;乙丁与甲乙既等,则丙丁直角形在甲乙、丙乙矩线内,而此两形并与甲丁直角方形等⑤。

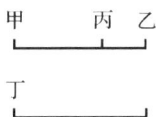

又论曰:试别作丁线与甲乙等,其甲乙线既任分于丙,则甲乙偕丁矩线内直角形(即甲乙上直角方形)与甲丙偕丁、丙乙偕丁两矩线内直角形并等⑥(本篇一)。

注曰:以数明之。设十数,任两分之,为七、为三,十乘七为七十及十乘三为三十之两小实与十自之百一大幂等⑦。

---

① "解曰",墨校改作"设有"。
② "题言",墨校改作"则"。"甲乙上",墨校改作"甲乙上之"。"与甲乙偕……矩线内",墨校改作"即甲乙²与甲乙乘甲丙及甲乙乘丙乙两个"。
③ "垂线",墨校删。
④ "其",墨校改作"甲己等与甲戊·甲丙,观"。
⑤ "则甲乙……直角方形等",墨校改作"则甲己必等与甲乙·甲丙,丙丁等与乙丁·丙乙。观丁与甲乙既等,则丙丁必等与甲乙·丙乙。甲丁即甲乙²,故甲乙²等与甲乙·甲丙加甲乙·丙乙"。
⑥ 三"偕"字,墨校均改作"乘"。"丁矩线内直角形",墨校改作"丁直角形"。"两矩线内直角形",墨校改作"两个直角形"。
⑦ "及",墨校删。"之",墨校改作"此"。"与",墨校删。"十自……幂等",墨校改作"十自乘是百,为一大幂,两小实与一大幂是等"。

第三题

一直线,任两分之,其元线任偕一分线矩内直角形与分余线偕一分线矩内直角形及一分线上直角方形并等①。

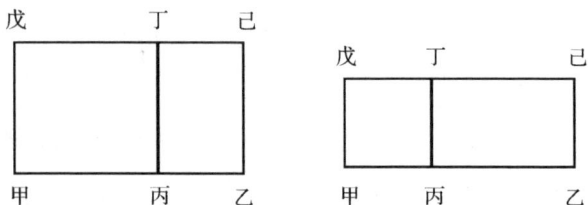

解曰②:甲乙线,任两分于丙。题言元线甲乙任偕一分线如甲丙矩内直角形(不论甲丙为长分,为短分)与分余丙乙偕甲丙矩线内直角形及甲丙上直角方形并等③。

论曰:试作甲丁直角方形,从乙界作乙己垂线,与甲戊平行(一卷卅一),而于戊丁引长之,遇于己④。其甲戊与甲丙等⑤,则甲己直角形在元线甲乙偕一分线甲丙矩内⑥;丙丁与甲丙等⑦,则丙己直角形在一分线甲丙偕分余线丙乙矩内⑧;而甲己直角形与甲丙、丙乙矩线内丙己直角形及甲丙

---

① "任偕",墨校改作"偕不论何"。两"矩内直角形",墨校均改作"矩内之直角形"。"分余线",墨校改作"余分线"。"偕一分线",墨校改作"偕第一分线"。"及一分线上",墨校改作"及第一分线上之"。

② "解曰",墨校改作"设有"。

③ "题言",墨校改作"则"。"元线……直角形",墨校改作"元线甲乙乘不论何一分线如甲丙,其直角形"。"与分……并等",墨校改作"必定与余分线丙乙乘甲丙之直角形及甲丙上之直角方形并等,即甲乙·甲丙=丙乙·甲丙+$\underline{甲丙}^2$"。

④ "而于……于己",墨校改作"引长戊丁,遇乙己于己"。

⑤ "其",墨校改作"观"。

⑥ "则",墨校改作"所以"。"在",墨校改作"即是"。"甲乙……矩内",墨校改作"甲乙乘甲丙者"。

⑦ "丙丁"上墨校增"观"。

⑧ "则",墨校改作"所以"。"在一……矩内",墨校改作"即是甲丙乘丙乙者"。

上甲丁直角方形并等①。

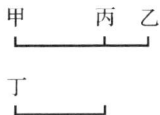

又论曰:试别作丁线与一分线甲丙等,其甲乙线既任分于丙,则甲乙偕丁矩线内直角形(即甲乙偕甲丙矩线内直角形)与丁偕丙乙(即甲丙偕丙乙)、丁偕甲丙(即甲丙上直角方形)两矩线内直角形并等(本篇一)。

注曰:以数明之。设十数,任两分之,为七、为三。如前图,则十乘七为七十,与七乘三之实二十一及七自之幂四十九并等;如后图,十乘三为三十,与七乘三之实二十一及三之幂九并等。

第四题

一直线,任两分之,其元线上直角方形与各分上两直角方形及两分互偕矩线内两直角形并等②。

解曰③:甲乙线,任两分于丙。题言甲乙线上直角方形与甲丙、丙乙线上两直角方形及甲丙偕丙乙、丙乙偕甲丙矩线内两直角形并等④。

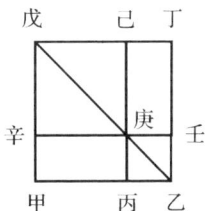

论曰:试于甲乙线上作甲丁直角方形,次作乙戊对角线,次从丙作丙己线与乙丁平行,遇对角线于庚,末从庚作辛壬线与甲乙平行,而分本形

---

① "而",墨校改作"是"。"与甲丙……矩线内",墨校改作"等与甲丙乘丙乙,即是"。"甲丙上",墨校改作"甲丙上之"。

② 两"上",墨校均改作"上之"。"两分……内两",墨校改作"两个分线所含之"。

③ "解曰",墨校改作"设有"。

④ "题言",墨校改作"则"。两"上",墨校均改作"上之"。"及甲丙……内两",墨校改作"及两个甲丙乘丙乙"。

为四直角形①,即甲乙戊角形之甲乙、甲戊两边等②,而甲乙戊与甲戊乙两角亦等③(一卷五)。夫甲乙戊形之三角并与两直角等④(一卷卅二),而甲为直角⑤,即甲乙戊、甲戊乙皆半直角⑥(一卷卅之二系)。依显丁乙戊角形之丁乙戊、丁戊乙两角亦皆半直角⑦,则戊己庚外角与内角丁等⑧,为直角⑨(一卷廿九)。而己戊庚既半直角⑩,则己庚戊等为半直角矣⑪。角既等,则己庚、己戊两边亦等(一卷六),庚辛、辛戊亦等(一卷卅四),而辛己为直角方形也⑫。依显丙壬亦直角方形也⑬。又庚辛与甲丙两对边等⑭(一卷卅四),而乙丙与庚丙俱为直角方形边⑮,亦等,则辛己为甲丙线上直角方形⑯,丙壬为丙乙线上直角方形也⑰。又甲庚及庚丁两直角形各在甲丙、丙乙矩线内也⑱,则甲丁直角方形与甲丙、丙乙两线上两直角方形及两线矩内两直角形并等矣⑲。

系:从此推知,凡直角方形之角线形皆直角方形。

———————————

① "而",墨校改作"即"。
② "即",墨校改作"夫"。
③ "而",墨校改作"故"。
④ "夫",墨校删。
⑤ "而",墨校改作"观"。
⑥ "即",墨校改作"故"。"皆",墨校改作"各为"。
⑦ "依显",墨校改作"依此以显"。"皆",墨校改作"各为"。
⑧ "则",墨校删。
⑨ "为",墨校改作"故亦为"。
⑩ "而",墨校改作"再者"。
⑪ "等",墨校改作"亦"。
⑫ "为",墨校改作"即为"。
⑬ "依显",墨校改作"依此以显"。
⑭ "又",墨校改作"至"。
⑮ "俱为……形边",墨校删。
⑯ "为",墨校改作"即为"。"上",墨校改作"上之"。
⑰ "为",墨校改作"即为"。"上",墨校改作"上之"。
⑱ "又甲庚及庚丁",墨校改作"又甲庚等与庚丁(卷一四题),"。"两……各在",墨校改作"故此两个直角形皆在"。"矩线内也",墨校改作"矩线之内者"。
⑲ "则",墨校改作"观"。"与甲丙……等矣",墨校改作"等与甲庚、庚丁、丙壬、辛己,故$\underline{甲丁}^2 = \underline{甲丙}^2 + \underline{丙乙}^2 + 2\,甲丙 \cdot 丙乙$"。

甲　　　丙　　　乙

又论曰:甲乙线既任分于丙,则元线甲乙上直角方形与元线偕各分线矩内两直角形并等(本篇二)。又甲乙偕甲丙矩线内直角形与甲丙偕丙乙矩线内直角形及甲丙上直角方形并等(本篇三),甲乙偕丙乙矩线内直角形与丙乙偕甲丙矩线内直角形及丙乙上直角方形并等(本篇三),则甲乙上直角方形与甲丙、丙乙上两直角方形及甲丙偕丙乙、丙乙偕甲丙矩线内两直角形并等。

注曰:以数明之。设十数,任两分之,为七、为三,十之幂百与七之幂四十九、三之幂九及三七互乘之实两二十一并等①。

第五题

一直线,两平分之,又任两分之,其任两分线矩内直角形及分内线上直角方形并与平分半线上直角方形等②。

解曰③:甲乙线,两平分于丙,又任两分于丁,其丙丁为分内线④(丙丁线者,丙乙所以大于丁乙之较⑤,又甲丁所以大于甲丙之较⑥,故曰分内线⑦)。题言甲丁、丁乙矩线内直角形及分内线丙丁上直角方形并与丙乙线上直角方形等⑧。

---

① "又论……""注曰……"两段墨校加删除括号。
② "矩内直角形",墨校改作"矩内之直角形"。"分内线上",墨校改作"分点中间线上之"。"与",墨校改作"等与"。"平分半线上",墨校改作"平分半线上之"。"等",墨校删。
③ "解曰",墨校改作"设有"。
④ "分内线",墨校改作"分点中间之线"。
⑤ "丙乙所以",墨校改作"盖丙乙是"。"之较",墨校删。
⑥ "所以",墨校改作"是"。"较",墨校删。
⑦ "分内线",墨校改作"分点中间之线"。
⑧ "题言",墨校改作"则"。"甲丁……形等",墨校改作"甲丁乘丁乙及丙丁^2 等与丙乙^2"。

论曰:试于丙乙线上作丙己直角方形;次作乙戊对角线,从丁作丁庚线与乙己平行,遇对角线于辛;次从辛作壬癸线与丙乙平行①;次从甲作甲子线与丙戊平行;末从壬癸线引长之,遇于子②。夫丁壬、癸庚皆直角方形(本篇四之系),而辛丁与丁乙两线等(一卷卅四),癸辛与丙丁两线等,则甲辛直角形在任分之甲丁、丁乙矩线内,而癸庚为分内线丙丁上直角方形也。今欲显甲辛直角形及癸庚直角方形并与丙己直角方形等者③,于丙辛、辛己相等之两余方形(一卷四三)每加一丁壬直角方形④,即丙壬及丁己两直角形等矣。而甲癸与丙壬两形同在平行线内⑤,又底等,即形亦等(一卷卅六),则甲癸与丁己亦等也⑥。即又每加一丙辛直角形⑦,则丑寅卯罄折形岂不与甲辛等⑧?次于罄折形又加一癸庚直角方形⑨,岂不与丙己直角方形等也⑩?而甲辛癸庚两形并亦与丙己等也⑪,则甲丁、丁乙矩线内直角形及丙丁上直角方形并与丙乙上直角方形等⑫。

---

① "壬癸线",墨校改作"壬癸子线"。"丙乙",墨校改作"甲丙乙"。
② "末从……遇于子",墨校改作"遇壬子于子"。
③ "夫丁壬……等者"数语墨校删。
④ "于",墨校删。"相等",墨校改作"乃相等"。
⑤ "而",墨校改作"再"。
⑥ "则",墨校改作"于是"。
⑦ "即又",墨校删。"一",墨校删。
⑧ "岂不",墨校改作"必等"。
⑨ "次于",墨校改作"再各加癸庚,则"。"又加……方形",墨校改作"加癸庚"。
⑩ "岂不……等也",墨校改作"等与甲辛加癸庚,即丙己等与甲辛加癸庚"。
⑪ "而甲……等也",墨校改作"夫甲辛、癸庚两形"。
⑫ "则甲丁……形等",墨校改作"是甲丁乘丁乙(因为辛丁＝丁乙,本篇四之系),是 $\overline{丙丁}^2$(因为癸庚＝$\overline{丙丁}^2$,一卷卅四),而丙己是 $\overline{丙乙}^2$。于是 $\overline{丙乙}^2$＝甲丁·丁乙＋$\overline{丙丁}^2$,即题所言者"。

注曰:以数明之。设十数,两平分之,各五,又任分之为八、为二,则三为分内数(三者,五所以大于二之较,又八所以大于五之较)。二八之实十六、三之幂九与五之幂二十五等①。

第六题

一直线,两平分之,又任引增一直线,共为一全线,其全线偕引增线矩内直角形及半元线上直角方形并与半元线偕引增线上直角方形等。

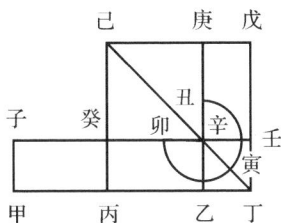

解曰②:甲乙线两平分于丙,又从乙引长之,增乙丁,与甲乙通为一全线,题言甲丁偕乙丁矩线内直角形及半元线丙乙上直角方形并与丙丁上直角方形等③。

论曰④:试于丙上作丙戊直角方形⑤,次作丁己对角线,从乙作乙庚线与丁戊平行,遇对角线于辛;次从辛作壬癸线与丙丁平行;次从甲作甲子线与丙己平行;末从壬癸线引长之,遇于子。夫乙壬、癸庚皆直角方形(本篇四之系),而乙丁与丁壬两线等(一卷卅四),癸辛与丙乙两线等,则甲壬直角形在甲丁偕乙丁矩线内,而癸庚为丙乙上直角方形也。今欲显甲壬直角形及癸庚直角方形并与丙戊直角方形等者⑥,试观甲癸与丙辛两直角形同在平行线内,又底等,即形亦等(一卷卅六)。而丙辛与辛戊等(一卷四三),则

---

① "注曰……五等"全段墨校加删除括号。
② "解曰",墨校改作"设有"。
③ "题言",墨校改作"则"。"甲丁偕",墨校改作"甲丁乘"。"矩线内……等",墨校改作"及半元线丙乙² 并等与丙丁²"。
④ "论曰",墨校删。
⑤ "直角",墨校删。
⑥ "夫乙壬……直角方形等者",墨校删。

辛戊与甲癸亦等①,即又每加一丙壬直角形②,则丑寅卯磬折形与甲壬等③。夫磬折形加一癸庚形本与丙戊直角方形等也④,即甲壬、癸庚两形并亦与丙戊等也⑤,则甲丁、乙丁矩线内直角形及丙乙上直角方形并岂不与丙丁上直角方形等⑥?

注曰:以数明之。设十数,两平分之,各五,又引增二,共十二,二乘之为二十四及五之幂二十五与七之幂四十九等。

第七题

一直线,任两分之,其元线上及任用一分线上两直角方形并与元线偕一分线矩内直角形二及分余线上直角方形并等。

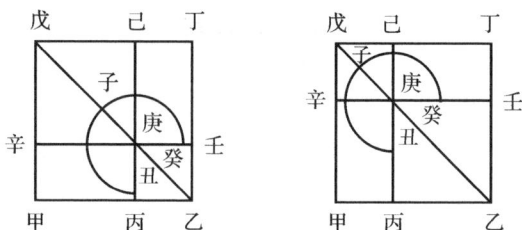

解曰⑦:甲乙线,任分于丙,题言元线甲乙上及任用一分线如甲丙上两直角方形并(不论甲丙为长分,为短分)与甲乙偕甲丙矩内直角形二及分余线丙乙上直角方形并等⑧。

---

① "则",墨校改作"故"。
② "即又",墨校删。
③ "与",墨校改作"等与"。"等",墨校删。
④ "夫",墨校改作"再各加一癸庚,则"。"加一……等也",墨校改作"加癸庚即丙戊,必等与甲壬加癸庚,夫丙戊是丙丁²"。
⑤ "即",墨校改作"而"。"并亦与丙戊等也",墨校删。
⑥ "则甲丁……方形等",墨校改作"即是甲丁乘乙丁(因为乙丁等与丁乙,本篇四之系),即是丙丁²(因为癸辛等与丙乙),故丙丁²=甲乙·乙丁+丙乙²,即题所言"。
⑦ "解曰",墨校改作"设有"。
⑧ "题言",墨校改作"则"。"甲乙上",墨校改作"甲乙²"。"甲丙上两直角方形",墨校改作"甲丙²"。"与甲乙……并等",墨校改作"等与甲乙乘甲丙二个及分余线丙乙²"。

论曰:试于甲乙收作甲丁直角方形,次作乙戊对角线,从丙作丙己线与乙丁平行,遇对角线于庚,末从庚作辛壬线与甲乙平行。夫辛己、丙壬皆直角方形(本篇四之系)①,而辛庚与甲丙等②(一卷卅四),即辛己为甲丙上直角方形也③。又甲戊与甲乙等,即甲己直角形在甲乙偕甲丙矩线内也④。又戊丁、丁壬与甲乙、甲丙各等,即辛丁直角形亦在甲乙偕甲丙矩线内也⑤。夫甲己、己壬两直角形(即癸子丑磬折形)及丙壬直角方形并本与甲丁直角方形等⑥,今于甲己、辛丁两直角形并加一丙壬直角方形⑦,即与甲丁直角方形加一辛己直角方形等矣⑧,则甲乙、甲丙矩线内直角形二及丙乙上直角方形并与甲乙上直角方形及甲丙上直角方形并等也⑨。

注曰:以数明之。设十数,任分之,为六、为四,如前图,十之幂百及六之幂三十六并与十、六互乘之两实百二十及四之幂十六等。如后图,十之幂百及四之幂十六并与十、四互乘之两实八十及六之幂三十六等⑩。

第八题

一直线,任两分之,其元线偕初分线矩内直角形四及分余线上直角方形并与元线偕初分线上直角方形等⑪。

---

① "夫辛己……四之系",墨校删。
② "而",墨校改作"观"。
③ "即",墨校改作"故"。"为甲丙……形也",墨校改作"即为甲丙²"。
④ "即",墨校改作"故"。"在",墨校改作"即是"。"偕甲……内也",墨校改作"乘甲丙"。
⑤ "即",墨校改作"故"。"亦在",墨校改作"即是"。"偕甲丙……内也",墨校改作"乘甲丙,而甲己＋辛丁是甲乙·甲丙之两个"。
⑥ "夫",墨校改作"今观"。"两直角形"及两处"直角方形",墨校均删。
⑦ "今于……方形",墨校改作"各加辛己"。
⑧ "即与……等矣",墨校改作"则甲丁加辛己等与甲己＋己壬＋丙壬＋辛己,即等与甲己＋辛丁＋丙壬,或甲乙²＋甲丙²＝2甲己·甲乙＋丙乙²,即题所言者"。
⑨ "则甲乙……等也"全句墨校加删除括号。
⑩ "注曰"全段墨校加删除括号。
⑪ "矩内",墨校改作"矩内之"。"四及分余线上",墨校改作"四个及余分线上"。"并与……等",墨校改作"并等与元线连接初分线上之直角方形"。

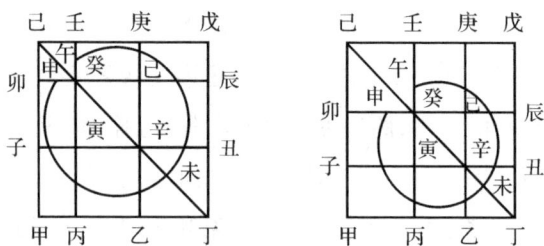

解曰①：甲乙线，任分于丙，题言元线甲乙偕初分线丙乙矩内直角形四（不论丙乙为长分，为短分）及分余线甲丙上直角方形并与甲乙偕丙乙上直角方形等②。

论曰③：试以甲乙线引增至丁，而乙丁与丙乙等④。于全线上作甲戊直角方形；次作丁己对角线，从乙作乙庚线与丁戊平行，遇对角线于辛；次从丙作丙壬线与甲己平行，遇对角线于癸；次从辛作子丑线与甲丁平行，遇丙壬子寅；末从癸作卯辰线与戊己平行，遇乙庚于己。其卯壬、寅己、乙丑俱角线方形⑤（一卷卅四之系），而卯癸与甲丙两线等⑥（一卷卅四），即卯壬为甲丙上直角方形⑦。又寅辛与丙乙两线等⑧（一卷卅四），即寅己为丙乙上直角方形⑨，与乙丑等（丙乙与乙丁等故）。又乙辛、辛己两线亦各与丙乙等，而甲辛、子己两直角形各在甲乙、丙乙矩线内⑩，即等⑪（子辛与甲乙等故）。寅

---

① "解曰"，墨校改作"设有"。
② "题言"，墨校改作"则"。"偕初分线丙乙矩内直角形四"，墨校改作"乘初分线丙乙直角形四个"。"及分余……形等"，墨校改作"及余分线甲丙² 并等与甲乙连接丙乙上之直角方形"。
③ "论曰"，墨校删。
④ "而乙丁与丙乙等"，墨校改作"作乙丁等与丙乙"。
⑤ "方形"，墨校改作"方形也"。
⑥ "而"，墨校删。"两线"，墨校删。
⑦ "即卯……方形"，墨校改作"故卯壬即为甲丙²"。
⑧ "两线"，墨校删。
⑨ "即寅……方形"，墨校改作"故寅己即为丙乙²，而且"。
⑩ "而甲……线内"，墨校改作"故甲辛等与子己，而各可以为甲乙乘丙乙"。
⑪ "即等"，墨校删。

庚、辛戊两直角形亦各在甲乙、丙乙矩线内,即又等①（寅辛、辛丑与丙乙、乙丁等,辛庚、丑戊与等甲乙之子辛等故）。寅己既与乙丑等②,而每加一癸庚,即乙丑、癸庚并与寅庚又等③。是甲辛一、子己二、辛戊三、乙丑四、癸庚五五直角形并为午未申罄折形④,与元线甲乙偕初分线丙乙矩内直角形四等。而午未申罄折形及卯壬直角方形本与甲戊直角方形等⑤,则甲乙、乙丙矩线内直角形四及甲丙上直角方形并与甲乙偕丙乙上直角方形等。

注曰:以数明之。设十数,任分之,为六、为四。如前图,十、六互乘之实四为二百四十,及四之幂十六,共二百五十六,与十六之幂等。如后图,十、四互乘之实四为一百六十,及六之幂三十六,共一百九十六,与十四之幂等。

（编者注:共十四题,第八题后内容略。）

7　第三卷

第一题

有圜,求寻其心。

---

①　"寅庚……又等",墨校改作"寅庚亦等与辛戊,而亦各可以为甲乙乘丙乙"。

②　"寅己……乙丑等",墨校改作"再寅庚等与乙丑加癸庚,因寅己与乙丑等"。

③　"而每加……又等",墨校改作"而癸庚乃公有故耳。合并以上诸直角形,一面相替,即得"。

④　"是",墨校删。"并为……折形",墨校删。

⑤　"与元线……卿壬直角方形",墨校改作"等与元线甲乙乘初分线丙乙四个直角方形"。

法曰：甲乙丙丁圜，求寻其心。先于圜之两界任作一甲丙直线，次两平分之于戊（一卷十），次于戊上作乙丁垂线，两平分之于己，即己为圜心。

论曰：如云不然，令言心何在。彼不得言在己之上下。何者？乙丁线既平分于己，离平分不能为心，故必言心在乙丁线外，为庚。即令自庚至丙、至戊、至甲各作直线，则甲庚戊角形之甲戊既与丙庚戊角形之丙戊两边等，戊庚同边，而庚甲、庚丙两线俱从心至界，宜亦等，即对等边之庚戊甲、庚戊丙两角宜亦等（一卷八），而为两直角矣（一卷界说十）。夫乙戊甲既直角，而庚戊甲又为直角，可不可也。

系：因此推显，圜内有直线分他线为两平分而作直角，即圜心在其内。

第二题

圜界任取二点，以直线相联，则直线全在圜内。

解曰：甲乙丙圜界上任取甲、丙二点，作直线相联，题言甲丙线全在圜内。

论曰：如云在外，若甲丁丙线，令寻取甲乙丙圜之戊心（本篇一），次作戊甲、戊丙两直线，次于甲丁丙线上作戊乙丁线而与圜界遇于乙，即戊甲丁丙当为三角形，以甲丁丙为底，戊甲、戊丙两腰等，其戊甲丙、戊丙甲两角宜等（一卷五），而戊丁甲为戊丙丁之外角，宜大于戊丙丁角，即亦宜大于戊甲丁角（一卷十六），则对戊丁甲大角之戊甲线宜大于戊丁线矣（一卷十九）。

夫戊甲与戊乙本同圜之半径,等。据如所论,则戊乙亦大于戊丁,不可通也。若云不在圜外,而在圜界,依前论,令戊甲大于戊乙,亦不可通也。

第三题

直线过圜心,分他直线为两平分,其分处必为两直角;为两直角,必两平分。

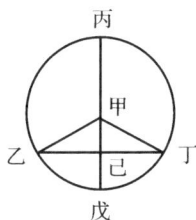

解曰:乙丙丁圜,有丙戊线过甲心,分乙丁线为两平分于己,题言甲己必是垂线,而己旁为两直角;又言己旁既为两直角,则甲己分乙丁必两平分。

先论曰:试从甲作甲乙、甲丁两线,即甲乙己角形之乙己与甲丁己角形之丁己两边等。甲己同边,甲乙、甲丁两线俱从心至界,又等,即两形等。则其对等边之甲己乙、甲己丁亦等(一卷八),而为两直角矣。

后论曰:如前作甲乙、甲丁两线,甲乙丁角形之甲乙、甲丁两边既等,则甲乙丁、甲丁乙两角亦等(一卷五)。又甲乙己角形之甲己乙、甲乙己两角与甲丁己角形之甲己丁、甲丁己两角各等,而对直角之甲乙、甲丁两边又等,则己乙、己丁两边亦等(一卷廿六)。

欲显次论之旨,又有一说。如甲丁上直角方形与甲己、己丁上两直角方形并等(一卷四七),而甲乙上直角方形与甲己、乙己上两直角方形并亦等,即甲己、己乙上两直角方形并与甲己、己丁上两直角方形并亦等。此二率者,每减一甲己上直角方形,则所存乙己、己丁上两直角方形自相等,而两边亦等。

第四题

圜内不过心两直线相交,不得俱为两平分。

解曰:甲丙乙丁圜内有甲乙、丙丁两直线,俱不过己心(若一过心,一不过心,即两线不得俱为两平分。其理易显)而交于戊,题言两直线或有一线为两平分,不得俱为两平分。

论曰:若云不然,而甲乙、丙丁能俱两平分于戊,试令寻本圜心于己(本篇一),从己至戊作甲乙之垂线,其己戊既分甲乙为两平分,即为两直角(本篇三),而又能分丙丁为两平分,亦宜为两直角,是己戊甲为直角,而己戊丙亦直角,全与其分等矣。

第五题

两圜相交,必不同心。

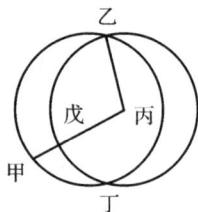

解曰:甲乙丁、戊乙丁两圜交于乙、于丁,题言两圜不同心。

论曰:若言丙为同心,令自丙至乙、至甲各作直线,其丙乙至圜交,而丙甲截两圜之界于戊、于甲。夫丙既为戊乙丁圜之心,则丙乙与丙戊等;而又为甲乙丁圜之心,则丙乙与丙甲又等。是丙戊与丙甲亦等,而全与其分等也。

第六题

两圜内相切,必不同心。

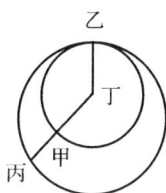

解曰：甲乙、丙乙两圜内相切于乙，题言两圜不同心。

论曰：若言丁为同心，令自丁至乙、至丙各作直线，其丁乙至切界，而丁丙截两圜之界于甲、于丙。夫丁既为甲乙圜之心，则丁乙与丁甲等；而又为丙乙圜之心，则丁乙与丁丙又等。是丁甲与丁丙亦等，而全与其分等也。

第七题

圜径离心，任取一点，从点至圜界任出几线，其过心线最大，不过心线最小，余线愈近心者愈大，愈近不过心线者愈小，而诸线中止两线等。

解曰：甲丙丁戊乙圜，其径甲乙，其心己，离心任取一点为庚，从庚至圜界任出几线，为庚丙、庚丁、庚戊。题先言从庚所出诸线，惟过心庚甲最大；次言不过心庚乙最小；三言庚丙大于庚丁、庚丁大于庚戊，愈近心愈大，愈近庚乙愈小；后言庚乙两旁止可出两线等。

先论曰：试从己心出三线至丙、至丁、至戊，其丙己庚角形之丙己、己庚两边并大于丙庚一边（一卷二十），而丙己、己庚等于甲己、己庚，则庚甲大于庚丙。依显庚丁、庚戊俱小于庚甲，是庚甲最大。

次论曰：己庚戊角形之己戊一边小于己庚、庚戊两边并（一卷二十），而己戊与己乙等，则己乙小于己庚、庚戊并矣。次各减同用之己庚，则庚乙小于庚戊。依显庚戊小于庚丁，庚丁小于庚丙，是庚乙最小。

三论曰:丙己庚角形之丙己与丁己庚角形之丁己两边等,己庚同边,而丙己庚角大于丁己庚角(全大于分),则对大角之庚丙边大于对小角之庚丁边(一卷廿四)。依显庚丁大于庚戊,而愈近心愈大,愈近庚乙愈小。

后论曰:试依戊己乙作乙己辛相等角,而抵圜界为己辛线,次从庚作庚辛线,其戊己庚角形之戊己腰与庚己辛角形之辛己腰既等,己庚同腰,两腰间角又等,则对等角之庚戊、庚辛两底亦等(一卷四),而庚乙两旁之庚戊、庚辛等矣。此外若有从庚出线在辛之上,即依第三论,大于庚辛;在辛之下,即小于庚辛。故云庚乙两旁止可出庚戊、庚辛两线等。

第八题

圜外任取一点,从点任出几线,其至规内,则过圜心线最大,余线愈离心愈小。其至规外,则过圜心线为径之余者最小,余线愈近径余愈小,而诸线中止两线等。

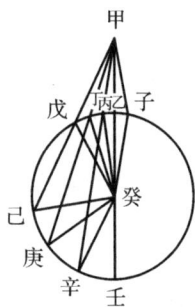

解曰:乙丙丁戊圜之外,从甲点任出几线,其一为过癸心之甲壬,其余为甲辛、为甲庚、为甲己,皆至规内(规内线者,如车辐之指牙)。题先言过心之甲壬最大;次言近心之甲辛大于离心之甲庚,甲庚又大于甲己;三反上言,规外之甲乙为乙壬径余者(规外线者,如车辐之凑毂)最小;四言甲丙近径余,小于甲丁,甲丁又小于甲戊;后言甲乙两旁止可出两线等。

先论曰:试从癸心至丙、丁、戊、己、庚、辛各出直线,其甲癸辛角形之甲癸、癸辛两边并大于甲辛一边(一卷二十),而甲癸、癸辛与甲壬等,则甲壬大于甲辛。依显甲壬更大于甲庚、甲己,而过心之甲壬最大。

次论曰:甲癸辛角形之癸辛与甲癸庚角形之癸庚两边等,甲癸同边,而甲癸辛角大于甲癸庚角(全大于分),则对大角之甲辛边大于对小角之甲庚边(一卷廿四)。依显甲庚大于甲己,而规内线愈离心愈小。

三论曰:甲癸丙角形之甲癸一边小于甲丙、丙癸两边并(一卷二十),次每减一相等之乙癸、丙癸,则甲乙小于甲丙矣。依显甲乙更小于甲丁、甲戊,而规外甲乙最小。

四论曰:甲丁癸角形之内,从甲与癸出甲丙、丙癸,两边并小于甲丁、丁癸两边并(一卷廿一)。此二率者,每减一相等之丙癸、丁癸,则甲丙小于甲丁矣。依显甲丙更小于甲戊,而愈近径余甲乙者愈小。

后论曰:试依乙癸丙作乙癸子相等角抵圜界,次作甲子线,其甲子癸角形之甲癸、癸子两腰与甲癸丙角形之甲癸、癸丙两腰各等,而两腰间角又等,则对等角之甲子、甲丙两底亦等也(一卷四)。此外若有从甲出线在子之上,即依第四论,小于甲丙;在子之下,即大于甲丙。故云甲乙两旁止可出甲丙、甲子两线等。

第九题

圜内从一点至界作三线以上皆等,即此点必圜心。

解曰:从甲点至乙丙丁圜界作甲乙、甲丙、甲丁,三直线若等,题言甲点为圜心。三以上等者更不待论。

论曰:试于乙丙、丙丁界作乙丙、丙丁两直线相联,此两线各两平分于戊、于己,从甲出两直线,为甲戊、为甲己,其甲乙戊角形之甲乙与甲戊丙角形之甲丙两腰既等,甲戊同腰,乙戊、戊丙两底又等,即甲戊乙与甲戊丙两角亦等(一卷八),为两直角。依显甲己丙、甲己丁亦等,为两直角。则甲戊、甲己之分乙丙、丙丁俱平分,为直角,而此两线俱为函心线(本篇一之系),

定相遇于甲,甲为圜心矣。

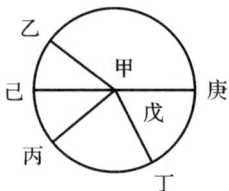

又论曰:若言甲非心,心在于戊者,令戊甲相联,引作己庚径线,即甲是戊心外所取一点,而从甲所出线,愈近心者宜愈大矣(本篇七),则甲丁宜大于甲丙。而先设等,何也?

第十题

两圜相交,止于两点。

论曰:若言甲乙丙丁戊己圜与甲庚乙丁辛戊圜三相交于甲、于乙、于丁,令作甲乙、乙丁两直线相联,此两线各两平分于壬、于癸,次从壬、癸作子壬、子癸两垂线,其子壬分甲乙、子癸分乙丁,既皆两平分而各为两直角,即子壬、子癸两线俱为甲庚乙丁辛戊圜之函心线(本篇一之系),而子为其心矣。依显甲乙丙丁戊己圜亦以子为心也。夫两交之圜尚不得同心(本篇五),何缘得有三交?

又论曰:若言两圜三相交于甲、于乙、于丁,令先寻甲庚乙丁辛戊圜之心于壬(本篇一),次从心至三交界作壬甲、壬乙、壬丁三线,此三线等也(一卷界说十五)。又甲乙丙丁戊己圜内有从壬出之壬甲、壬乙、壬丁三相等线,则壬又为甲乙丙丁戊己圜之心(本篇九),不亦交圜同心乎(本篇五)?

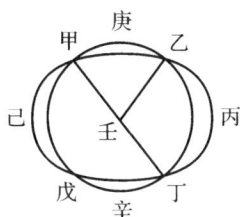

第十一题

两圜内相切,作直线联两心,引出之,必至切界。

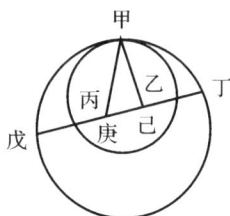

解曰:甲乙丙、甲丁戊两圜内相切于甲,而己为甲乙丙之心,庚为甲丁戊之心,题言作直线联庚、己两心,引抵圜界,必至甲。

论曰:如云不至甲,而截两圜界于乙丁及丙戊,令从甲作甲己、甲庚两线,其甲己庚角形之庚己、己甲两边并大于庚甲一边(一卷二十),而同圜心所出之庚甲、庚丁宜等,即庚己、己甲大于庚丁矣。此二率者,各减同用之庚己,即己甲亦大于己丁矣。夫己甲与己乙是内圜同心所出等线,则己乙亦大于己丁,而分大于全也,可乎?若曰庚为甲乙丙心,己为甲丁戊心,亦依前转说之。甲己庚角形之己庚、庚甲两边并大于甲己一边(一卷二十),而同圜心所出之己甲、己戊宜等,即己庚、庚甲大于己戊矣。此二率者,各减同用之己庚,即庚甲大于庚戊矣。夫庚甲与庚丙是内圜同心所出等线,则庚丙亦大于庚戊,而分大于全也,可乎?

第十二题

两圜外相切,以直线联两心,必过切界。

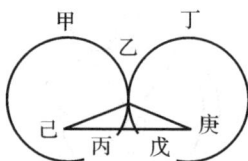

解曰:甲乙丙、丁乙戊两圆外相切于乙,其甲乙丙心为己,丁乙戊心为庚,题言作己庚直线,必过乙。

论曰:如云不然,而己庚线截两圆界于戊、于丙,令于切界作乙己、乙庚两线,其乙己庚角形之己乙、乙庚两边并大于己庚一边,而乙庚与庚戊、乙己与己丙俱同心所出线,宜各等,即庚戊、丙己两线并亦大于庚己一线矣(一卷二十)。夫庚己线分为庚戊、丙己,尚余丙戊,而云庚戊、丙己大于庚己,则分大于全也。故直线联己庚,必过乙。

第十三题(二支)

圆相切,不论内外,止以一点。

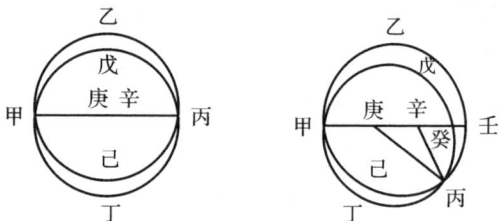

先论曰:甲乙丙丁与甲戊丙己两圆内相切,若云有两点相切,于甲,又于丙,令作直线,函两圆心庚、辛,引出之,如前图,宜至相切之甲、之丙(本篇十一),则甲丙为两圆之同径矣。而此径线者,两平分于庚,又两平分于辛,何也(一直线止以一点两平分)?若云庚辛引出直线,一抵甲,一截两圆之界于癸、于壬,即如后图。令从两心各作直线至又相切之丙,次问之甲乙丙丁圆之心为庚邪?辛邪?如曰庚也,而辛为甲戊丙己之心,则丙庚辛角形之庚辛、辛丙两边并大于庚丙一边(一卷二十),而庚辛、辛丙与庚癸宜等(辛癸、辛丙同圆心所出故),即庚癸亦大于庚丙矣。夫庚丙与庚壬者,外圆同心所出,等线也。将庚癸亦大于庚壬,可乎?如曰辛也,而庚为甲戊丙己之心,则丙庚辛角形之辛庚、庚丙两边并大于辛丙一边(一卷二十),而辛丙与辛甲宜等,即辛庚、庚丙亦大于辛甲矣。此二率者,各减同用之辛庚,即庚丙亦大于庚甲也。夫庚甲与庚丙者,亦同圜心所出等线也,而安有大小?

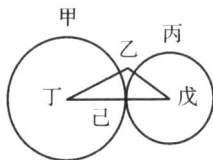

后论曰:甲乙与乙丙两圜外相切于己,从甲乙之丁心、丙乙之戊心作直线相联,必过己(本篇十三)。若云又相切于乙,令自乙至丁、至戊各作直线,其丁乙、乙戊并宜与丁戊等,而为角形之两腰,又宜大于丁戊(一卷二十),则两圜相切安得两点?

又后论曰:更令于两相切之乙、之己作直线相联,其直线当在甲乙圜内(本篇二),又当在乙丙圜内,何所置之?

第十四题(二支)

圜内两直线等,即距心之远近等;距心之远近等,即两直线等。

先解曰:甲乙丙丁圜,其心戊,圜内甲乙、丁丙两线等,题言两线距戊心远近亦等。

论曰:试从戊心向甲乙作戊己、向丁丙作戊庚各垂线,次自丁、自甲至戊各作直线,其戊己、戊庚既各分甲乙、丁丙线为两平分(本篇三),而甲乙、丁丙等,则平分之甲己、丁庚亦等。夫甲戊上直角方形与甲己、己戊上两直角方形并等(一卷四七),等甲戊之丁戊上直角方形与丁庚、庚戊上两直角方形并等,而甲己、丁庚上两直角方形既等,即戊己、戊庚上两直角方形亦等,则戊己、戊庚两线亦等。是甲乙、丁丙两线距心之度等(本卷界说四)。

后解曰:甲乙、丁丙两线距戊心远近等,题言甲乙、丁丙两线亦等。

论曰:依前论,从戊作戊己、戊庚两垂线既等(本卷界说四),而分甲乙、丁丙各为两平分(本篇三),其甲戊上直角方形与甲己、己戊上两直角方形并等(一卷四七),等甲戊之丁戊上直角方形与丁庚、庚戊上两直角方形并等,即甲己、己戊上两直角方形并与丁庚、庚戊上两直角方形并亦等。此二率者,每减一相等之己戊、戊庚上直角方形,即所存甲己、丁庚上两直角方形亦等。是甲己、丁庚两线等也。夫甲乙倍甲己,丁丙倍丁庚,其半等,其全必等。

第十五题

径为圜内之大线,其余线者,近心大于远心。

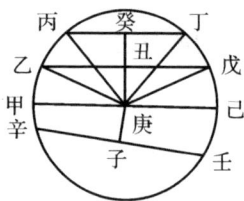

解曰:甲乙丙丁戊己圜,其心庚,其径甲己,其近心线为辛壬,远心线为丙丁,题言甲乙最大,辛壬近心大于丙丁远心。

论曰:试从庚向丙丁作庚癸、向辛壬作庚子各垂线,其丙丁距心远于辛壬,即庚癸大于庚子(本卷界说四)。次于庚癸线截庚丑与庚子等,次从丑作乙戊为庚癸之垂线,末于庚乙、庚丙、庚丁、庚戊各作直线相联,其庚丑既等于庚子,即乙戊与辛壬各以垂线距心远近等(本卷界说四),而两线亦等(本篇十四)。夫庚乙、庚戊并大于乙戊(一卷二十),而与甲己等,即甲己大于乙戊,亦大于辛壬矣。依显甲己大于他线,则甲己最大。又乙庚戊角形之乙庚、庚戊两腰与丙庚丁角形之丙庚、庚丁两腰等,而乙庚戊角大于丙庚丁角,则乙戊底大于丙丁底(一卷廿四),故等乙戊之辛壬亦大于丙丁也。是近心线大于远心线也。

(编者注:共三十七题,第十五题后内容略。)

8　第四卷(本篇论圜内外形,计十六题)

第一题

有圜,求作合圜线,与所设线等,此设线不大于圜之径线。

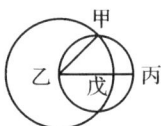

法曰:甲乙丙圜,求作合线,与所设丁线等,其丁线不大于圜之径线(径为圜内之最大线,更大不可合。见三卷十五)。先作甲乙圜径为乙丙,若乙丙与丁等者,即是合线。若丁小于径者,即于乙丙上截取乙戊与丁等;次以乙为心,戊为界,作甲戊圜,交甲乙丙圜于甲;末作甲乙合线,即与丁等。何者?甲乙与乙戊等,则与丁等。

第二题

有圜,求作圜内三角切形,与所设三角形等角。

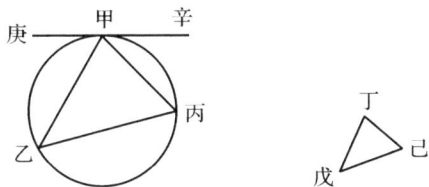

法曰:甲乙丙圜,求作圜内三角切形,其三角与所设丁戊己形之三角各等。先作庚辛线切圜于甲(三卷十七),次作庚甲乙角与设形之己角等,次作辛甲丙角与设形之戊角等,末作乙丙线,即圜内三角切形,与所设丁戊

己形等角。

论曰：甲丙乙与庚甲乙两角等，甲乙丙与辛甲丙两角亦等（三卷卅二），而庚甲乙、辛甲丙两角既与所设己、戊两角各等，即甲丙乙、甲乙丙亦与己、戊各等，而乙甲丙必与丁等（一卷卅二），则三角俱等。

第三题

有圜，求作圜外三角切形，与所设三角形等角。

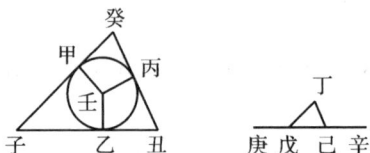

法曰：甲乙丙圜，求作圜外三角切形，其三角与所设丁戊己形之三角各等。先于戊己一边引长之为庚辛，次于圜界抵心作甲壬线，次作甲壬乙角与丁戊庚等，次作乙壬丙角与丁己辛寺，末于甲、乙、丙上作癸子、子丑、丑癸三垂线。此三线各切圜于甲、于乙、于丙（三卷十六之系），而相遇于子、于丑、于癸（若作甲丙线，即癸甲丙、癸丙甲两角小于两直角，而子癸、丑癸两线必相遇。余二仿此）。此癸、子、丑三角与所设丁、戊、己三角各等。

论曰：甲壬乙子四边形之四角与四直角等（一卷卅二题内），而壬甲子、壬乙子两为直角，即甲壬乙、甲子乙两角并等两直角，彼丁戊庚、丁戊己两角并亦等两直角（一卷十三）。此二等率者，每减一相等之丁戊庚、甲壬乙，则所存丁戊己与甲子乙等。依显丑角与丁己戊等，则癸与丁亦等（一卷卅二），而癸子丑与丁戊己两形之各三角俱等。

第四题

三角形，求作形内切圜。

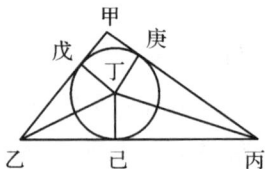

法曰：甲乙丙角形，求作形内切圜。先以甲乙丙角、甲丙乙角各两平分之(一卷九)，作乙丁、丙丁两直线，相遇于丁。次自丁至角形之三边各作垂线，为丁己、丁庚、丁戊。其戊丁乙角形之丁戊乙、丁乙戊两角与乙丁己角形之丁己乙、丁乙己两角各等，乙丁同边，即丁戊、丁己两边亦等(一卷廿六)。依显丁丙己角形与丁庚丙角形之丁己、丁庚两边亦等，即丁戊、丁己、丁庚三线俱等。末作圜，以丁为心，戊为界，即过庚己为戊庚己圜，而切角形之甲乙、乙丙、丙甲三边于戊、于己、于庚(三卷十六之系)。此为形内切圜。

第五题

三角形，求作形外切圜。

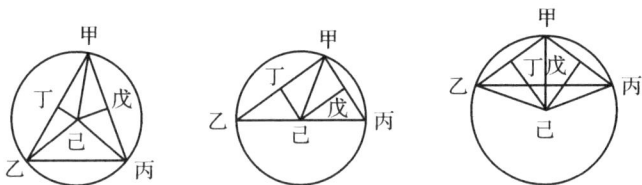

法曰：甲乙丙角形，求作形外切圜。先平分两边(若形是直角、钝角，则分直角、钝角之两旁边)于丁、于戊，次于丁、戊上各作垂线，为己丁、己戊，而相遇于己(若自丁至戊作直线，即己丁戊角形之己丁戊、己戊丁两角小于两直角，故丁己、戊己两线必相遇)，其己点或在形内，或在形外，俱作己甲、己乙、己丙三线；或在乙丙边上，止作己甲线。其甲丁己角形之甲丁与乙丁己角形之乙丁两腰等，丁己同腰，而丁之两旁角俱直角，即甲己、己乙两底必等(一卷四)。依显甲己戊、丙己戊两形之甲己、己丙两底亦等，则己甲、己乙、己丙三线俱等。末作圜，以己为心，甲为界，必切丙、乙，而为角形之形外切圜。

一系：若圜心在三角形内，即三角形为锐角形。何者？每角在圜大分之上故。若在一边之上，即为直角形；若在形外，即为钝角形。

二系：若三角形为锐角形，即圜心必在形内；若直角形，必在一边之上；若钝角形，必在形外。

增：从此推得一法。任设三点不在一直线，可作一过三点之圜。其法先以三点作三直线相联，成三角形，次依前作。

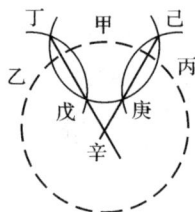

其用法:甲、乙、丙三点,先以甲、乙两点各自为心,相向各任作圜分,令两圜分相交于丁、于戊。次甲、丙两点亦如之,令两圜分相交于己、于庚。末作丁戊、己庚两线,各引长之,令相交于辛,即辛为圜之心。论见三卷二十五增。

第六题

有圜,求作内切圜直角方形。

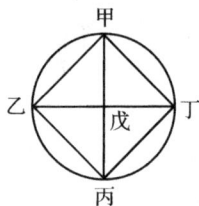

法曰:甲乙丙丁圜,其心戊,求作内切圜直角方形。先作甲丙、乙丁两径线以直角相交于戊,次作甲乙、乙丙、丙丁、丁甲四线,即甲乙丙丁为内切圜直角方形。

论曰:甲乙戊角形之甲戊与乙戊丙角形之戊丙两腰等,乙戊同腰,而腰间角两为直角,即其底甲乙、乙丙等(一卷四)。依显乙丙、丙丁亦等,则四边形之四边俱等,而甲、乙、丙、丁四角皆在半圜分之上,又皆直角(三卷卅一),是为内切圜直角方形。

第七题

有圜,求作外切圜直角方形。

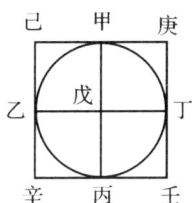

法曰：甲乙丙丁圜，其心戊，求作外切圜直角方形。先作甲丙、乙丁两径线，以直角相交于戊，次于甲、乙、丙、丁作庚己、己辛、辛壬、壬庚四线，为两径之垂线，而相遇于己、于辛、于壬、于庚，即己庚壬辛为外切圜直角方形。

论曰：甲戊乙、己乙戊既皆直角，即己辛、甲丙平行（一卷廿八）。依显甲丙、庚壬亦平行，则己庚、辛壬亦平行（一卷三十）。又甲丙辛己既直角形，即甲丙、己辛必等（一卷卅四），而甲丙辛、甲己辛两角亦等，甲丙辛既直角，即甲己辛亦直角。依显庚壬辛亦直角，而辛壬、壬庚、庚己三边俱等于甲丙、乙丁两径，既四边俱等于两径，则己庚壬辛为直角方形，而四边各切圜（三卷十六之系）。

第八题

直角方形，求作形内切圜。

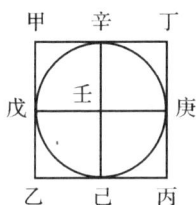

法曰：甲乙丙丁直角方形，求作形内切圜。先以四边各两平分于戊、于己、于庚、于辛，而作辛己、戊庚两线并于壬，其甲丁与乙丙既平行相等，即半减线之甲辛、乙己亦平行相等，而甲乙与辛己亦平行相等（一卷卅三）。依显丁丙与辛己亦平行相等。甲丁、乙丙、戊庚俱平行相等，而甲壬、乙壬、丙壬、丁壬四俱直角形，壬戊、壬己、壬庚、壬辛四线与甲辛、戊乙、丁辛、甲戊四线各等。夫甲辛、戊乙、丁辛、甲戊各为等线之半，即与之等者壬戊、壬己、壬庚、壬辛亦自相等。次作圜,以壬为心,戊为界,必过己庚辛而切甲丁、丁丙、丙乙、乙甲四边(三卷十六)。是为形内切圜。

(编者注:共十六题,第八题后内容略。)

9　第五卷之首

～ 界说十九则 ～

前四卷所论,皆独几何也;此下二卷所论,皆自两以上多几何同例相比者也;而本卷则总说完几何之同例相比者也。诸卷中,独此卷以虚例相比,绝不及线、面、体诸类也。第六卷则论线、论角、论圜界诸类,及诸形之同例相比者也。今先解向后所用名目,为界说十九。

第一界

分者,几何之几何也。小能度大,以小为大之分。

甲	⎯
乙	⎯⎯⎯
丙	⎯⎯⎯⎯
丁	⎯
戊	⎯⎯
己	⎯⎯⎯

以小几何度大几何,谓之分。曰几何之几何者,谓非此小几何,不能为此大几何之分也。如一点无分,亦非几何,即不能为线之分也;一线无广狭之分,非广狭之几何,即不能为面之分也;一面无厚薄之分,非厚薄之

几何,即不能为体之分也。曰能度大者,谓小几何度大几何,能尽大之分
者也。如甲为乙、为丙之分,则甲为乙三分之一,为丙六分之一,无赢、不
足也。若戊为丁之一即赢,为二即不足;己为丁之三即赢,为四即不足。
是小不尽大,则丁不能为戊、己之分也。以数明之,若四于八、于十二、于
十六、于二十诸数,皆能尽分,无赢、不足也。若四于六、于七、于九、于十、
于十八、于三十八诸数,或赢或不足,皆不能尽分者也。本书所论,皆指能
尽分者,故称为分。若不尽分者,当称几分几何之几。如四于六为三分六
之二,不得正名为分,不称小度大也,不为大几何内之小几何也。

第二界

若小几何能度大者,则大为小之几倍。

如第一界图。甲与乙能度丙,则丙为甲与乙之几倍;若丁、戊不能尽
己之分,则己不为丁、戊之几倍。

第三界

比例者,两几何以几何相比之理。

两几何者,或两数,或两线,或两面,或两体,各以同类大小相比,谓之
比例。若线与面,或数与线相比,此异类,不为比例。又若白线与黑线、热
线与冷线相比,虽同类,不以几何相比,亦不为比例也。

比例之说,在几何为正用。亦有借用者,如时、如音、如声、如所、如
动、如称之属,皆以比例论之。

凡两几何相比,以此几何比他几何,则此几何为前率,所比之他几何
为后率。如以六尺之线比三尺之线,则六尺为前率,三尺为后率也。反用
之,以三尺之线比六尺之线,则三尺为前率,六尺为后率也。

比例为用甚广,故详论之如下。

凡比例有二种,有大合,有小合。以数可明者为大合,如二十尺之线
比十尺之线是也;其非数可明者为小合,如直角方形之两边与其对角线可
以相比,而非数可明者是也。

如上二种,又有二名,其大合线,为有两度之线。如二十尺比八尺,两线为大合,则二尺、四尺皆可两度之者是也。如此之类,凡数之比例皆大合也。何者?有数之属,或无他数可两度者,无有一数不可两度者。若七比九,无他数可两度之,以一则可两度之也。其小合线,为无两度之线。如直角方形之两边与其对角线为小合,即分至万分,以及无数,终无小线可以尽分、能度两率者是也(此论详见十卷末题)。

小合之比例,至十卷详之。本篇所论,皆大合也。

凡大合有两种,有等者,如二十比二十、十尺之线比十尺之线是也;有不等者,如二十比十、八比四十、六尺之线比二尺之线是也。

如上等者,为相同之比例。其不等者,又有两种:有以大不等,如二十比十是也;有以小不等,如十比二十是也。大合比例之以大不等者,又有五种:一为几倍大,二为等带一分,三为等带几分,四为几倍大带一分,五为几倍大带几分。

一为几倍大者,谓大几何内有小几何,或二,或三,或十,或八也。如二十与四,是二十内为四者五;如三十尺之线与五尺之线,是三十尺内为五尺者六。则二十与四,名为五倍大之比例也;三十尺与五尺,名为六倍大之比例也。仿此为名,可至无穷也。

二为等带一分者,谓大几何内既有小之一,别带一分。此一分,或元一之半,或三分之一、四分之一,以至无穷者是也。如三与二,是三内既有二,别带一,一为二之半;如十二尺与九尺之线,是十二内既有九,别带三,三为九三分之一,则三与二,名为等带半也;十二尺与九尺,名为等带三分之一也。

三为等带几分者,谓大几何内既有小之一,别带几分,而此几分,不能合为一尽分者是也。如八与五,是八内既有五,别带三一,每一各为五之分,而三一不能合而为五之分也。他如十与八,其十内既有八,别带二一,虽每一各为八之分,与前例相似,而二一却能为八四分之一,是为带一分,属在第二,不属三也。则八与五,名为等带三分也。又如二十二与十六,即名为等带六分也。

四为几倍大带一分者,谓大几何内既有小几何之二、之三、之四等,别带一分,此一分,或元一之半,或三分、四分之一,以至无穷者是也。如九与四,是九内既有二四,别带一,一为四分之一,则九与四,名为二倍大带四分之一也。

五为几倍大带几分者,谓大几何内既有小几何之二、之三、之四等,别带几分,而此几分,不能合为一尽分者是也。如十一与三,是十一内既有三三,别带二一,每一各为三之分,而二一不能合而为三之分也,则十一与三,名为三倍大带二分也。

大合比例之以小不等者,亦有五种,俱与上以大不等五种相反为名:一为反几倍大,二为反等带一分,三为反等带几分,四为反几倍大带一分,五为反几倍大带几分。

凡比例诸种,如前所设诸数,俱有书法,书法中有全数、有分数。全数者,如一、二、三、十、百等是也;分数者,如分一以二、以三、以四等是也。书全数,依本数书之,不必立法;书分数,必有两数,一为命分数,一为得分数。如分一以三而取其二,则为三分之二,即三为命分数,二为得分数也;分一为十九而取其七,则为十九分之七,即十九为命分数,七为得分数也。

书以大、小、不等各五种之比例。其一,几倍大,以全数书之,如二十与四为五倍大之比例,即书五是也;若四倍,即书四;六倍,即书六也。其反几倍大,即用分数书之,而以大比例之数为命分之数,以一为得分之数。如大为五倍大之比例,则此书五之一是也;若四倍,即书四之一;六倍,即书六之一也。

其二,等带一分之比例有两数,一全数、一分数,其全数恒为一,其分数则以分率之数为命分数,恒以一为得分数。如三与二,名为等带半,即书一,别书二之一也。其反等带一分,则全用分数,而以大比例之命分数为此之得分数,以大比例之命分数加一为此之命分数。如大为等带二之一,即此书三之二也;又如等带八分之一,反书之,即书九之八也;又如等带一千分之一,反书之,即书一千〇一之一千也。

其三,等带几分之比例亦有两数,一全数、一分数,其全数亦恒为一,其分数亦以分率之数为命分数,以所分之数为得分数。如十与七,名为等带三分,即书一,别书七之三也。其反等带几分,亦全用分数,而以大比例之命分数为此之得分数,以大比例之命分数加大之得分数为此之命分数。如大为等带十之三,命数七,得数三,七加三为十,即书十之七也;又如等带二十之三,反书之,二十加三,即书二十三之二十也。

其四,几倍大带一分之比例,则以几倍大之数为全数,以分率之数为命分数,恒以一为得分数。如二十二与七,二十二内既有三七,别带一。一为七分之一,名为三倍大带七分之一,即以三为全数,七为命分数,一为得分数,书三,别书七之一也。其反几倍大带一分,则以大比例之命分数为此之得分数,以大之命分数乘大之倍数加一为此之命分数。如大为三带七之一,即以七乘三得二十一,又加一,为命分数,书二十二之七也;又如五带九之一,反书之,九乘五得四十五,加一为四十六,即书四十六之九也。

其五,几倍大带几分之比例,亦以几倍大之数为全数,以分率之数为命分数,以所分之数为得分数。如二十九与八,二十九内既有三八,别带五一,名为三倍大带五分,即以三为全数,八为命分数,五为得分数,书三,别书八之五也。其反几倍大带几分,则以大比例之命分数为此之得分数,以大比例之命分数乘大之倍数,加大之得分数,为此之命分数。如大为三带八之五,即以八乘三得二十四,加五,为二十九,书二十九之八也;又如四带五之二,即书二十二之五也。

已上大小十种,足尽比例之凡,不得加一、减一。

第四界

两比例之理相似,为同理之比例。

两几何相比,谓之比例;两比例相比,谓之同理之比例。如甲与乙两几何之比例,偕丙与丁两几何之比例,其理相似,为同理之比例。又若戊与己两几何之比例偕己与庚两几何之比例,其理相似,亦同理之比例。

凡同理之比例有三种:有数之比例,有量法之比例,有乐律之比例。本篇所论,皆量法之比例也。量法比例又有二种,一为连比例。连比例者,相续不断,其中率与前、后两率递相为比例,而中率既为前率之后,又为后率之前。如后图,戊与己比、己又与庚比是也。二为断比例。断比例者,居中两率,一取不再用。如前图,甲自与乙比、丙自与丁比是也。

第五界

两几何,倍其身而能相胜者,为有比例之几何。

上文言为比例之几何必同类,然同类中亦有无比例者,故此界显有比例之几何也,曰倍其身而能相胜者。如三尺之线与八尺之线,三尺之线三倍其身,即大于八尺之线,是为有比例之线也。又如直角方形之一边与其对角线,虽非大合之比例可以数明,而直角方形之一边,一倍之,即大于对角线(两边等三角形,其两边并,必大于一边。见一卷二十),是亦有小合比例之线也。又圜之径,四倍之,即大于圜之界,则圜之径与界亦有小合比例之线也(圜之界当三径七分径之一弱。别见圜形书)。又曲线与直线亦有比例。如以大小两曲线相合为初月形,别作一直角方形与之等(六卷三十三一增题,今附),即曲直两线相视,有大、有小,亦有比例也。又方形与圜,虽自古至今,学士无数,不能为相等之形,然两形相视,有大、有小,亦不可谓无比例也。又直线角与曲线角亦有比例。如上图。直角、钝角、锐角,皆有与曲线角等者。若第一图,甲乙丙直角在甲乙、乙丙两直线内,而其间设有甲乙丁与丙乙戊两圜分角等,即于甲乙丁角加甲乙戊角,则丁乙戊曲线角与甲乙丙直角等矣。依显壬庚癸曲线角与己庚辛钝角等也。又依显卯丑辰曲线角与子丑寅锐角，各减同用之子丑、丑辰内圜小分，即两角亦等也。此五者，皆疑无比例而实有比例者也。他若有穷之线与无穷之线，虽则同类，实无比例。何者？有穷之线，毕世倍之，不能胜无穷之线故也。又线与面、面与体，各自为类，亦无比例。何者？毕世倍线不能及面，毕世倍面不能及体故也。又切圜角与直线锐角亦无比例。何者？依三卷十六题所说，毕世倍切边角，不能胜至小之锐角故也。此后诸篇中，每有倍此几何令至胜彼几何者，故备著其理，以需后论也。

第六界

四几何，若第一与二偕第三与四为同理之比例，则第一、第三之几倍偕第二、第四之几倍，其相视，或等，或俱为大、俱为小，恒如是。

两几何，曷显其能为比例乎？上第五界所说是也。两比例，曷显其能为同理之比例乎？此所说是也。其术通大合、小合，皆以加倍法求之。如一甲、二乙、三丙、四丁四几何，于一甲、二丙任加几倍，为戊、为己，戊倍甲、己倍丙，其数自相等。次于二乙、四丁任加几倍，为庚、为辛，庚倍乙、辛倍丁，其数自相等。而戊与己偕庚与辛相视，或等，或俱大，或俱小。如是等、大、小，累试之，恒如是。即知一甲与二乙偕三丙与四丁为同理之比例也。

如初试之，甲几倍之戊小于乙几倍之庚，而丙几倍之己亦小于丁几倍之辛。又试之，倍甲之戊与倍乙之庚等，而倍丙之己亦与倍丁之辛等。三试之，倍甲之戊大于倍乙之度，而倍丙之己亦大于倍丁之辛。此之谓或相等，或虽不等而俱为大、俱为小。若累合一差，即元设四几何不得为同理之比例，如下第八界所指是也。

四十十二三十十九
八四 二二八
卅廿四六廿卅
八六八 四六八

下文所论,若言四几何为同理之比例,即当推显第一、第三之几倍与第二、第四之几倍,或等,或俱大、俱小。若许其四几何为同理之比例,亦如之。

以数明之。如有四几何,第一为三,第二为二,第三为六,第四为四。今以第一之三、第三之六同加四倍,为十二、为二十四,次以第二之二、第四之四同加七倍,为十四、为二十八,其倍第一之十二既小于倍第二之十四,而倍第三之二十四亦小于倍第四之二十八也。又以第一之三、第三之六同加六倍,为十八、为三十六,次以第二之二、第四之四同加九倍,为十八、为三十六,其倍第一之十八既等于倍第二之十八,而倍第三之三十六亦等于倍第四之三十六也。又以第一之三、第三之六同加三倍,为九、为十八,次以第二之二、第四之四同加二倍,为四、为八,其倍第一之九既大于倍第二之四,而倍第三之十八亦大于倍第四之八也。若尔,或俱大、俱小,或等。累试之,皆合。则三与二偕六与四,得为同理之比例也。

以上论四几何者,断比例之法也,其连比例法仿此。但连比例之中率两用之,既为第二,又为第三,视此异耳。

第七界

同理比例之几何,为相称之几何。

甲 —·— 十二
乙 — 四
丙 —·— 九
丁 — 三
戊 —·— 十六
己 — 八
庚 — 四

甲与乙若丙与丁,是四几何为同理之比例,即四几何为相称之几何。又戊与己若己与庚,即三几何亦相称之几何。

第八界

四几何,若第一之几倍大于第二之几倍,而第三之几倍不大于第四之几倍,则第一与二之比例大于第三与四之比例。

庚　乙　甲　戊
辛　丁　丙　己

此反上第六界,而释不同理之两比例,其相视,曷显为大、曷显为小也。谓第一、第三之几倍与第二、第四之几倍,依上累试之,其间有第一之几倍大于第二之几倍,而第三之几倍乃或等,或小于第四之几倍,即第一与二之比例大于第三与四之比例也。如上图。甲一、乙二、丙三、丁四,甲与丙各三倍,为戊、己,乙与丁各四倍,为庚、辛。其甲三倍之戊大于乙四倍之庚,而丙三倍之己乃小于丁四倍之辛,即甲与乙之比例大于丙与丁也。若第一之几倍小于第二之几倍,而第三之几倍乃或等,或大于第四之几倍,即第一与二之比例小于第三与四之比例。如是等、大、小相庚者,但有其一,不必再试。

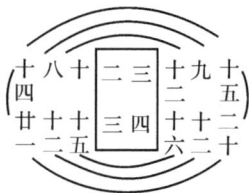

十　八　十　二　三　十　九　十
四　　　　　　　二　　　五
廿　十　十　三　四　十　十　二
一　二　五　　　　六　二　十

以数明之。中设三、二、四、三四几何,先有第一之倍大于第二之倍,而第三之倍亦大于第四之倍,后复有第一之倍大于第二之倍,而第三之倍乃或等,或小于第四之倍,即第一与二之比例大于第三与四也。若以上图之数反用之,以第一为二、第二为一、第三为四、第四为三,则第一与二之比例小于第三与四。

第九界

同理之比例，至少必三率。

十六　
　　八　　　十二
四　　　九
　　　三　　四
庚　己　戊　丁　丙　乙　甲

同理之比例必两比例相比。如甲与乙若丙与丁是四率断比例也。若连比例之戊与己若己与庚，则中率己既为戊之后，又为庚之前，是以三率当四率也。

第十界

三几何为同理之连比例，则第一与三为再加之比例；四几何为同理之连比例，则第一与四为三加之比例。仿此以至无穷。

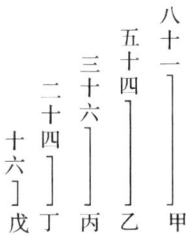

八十一
　　五十四
　三十六
　二十四
十六
戊　丁　丙　乙　甲

甲、乙、丙、丁、戊五几何为同理之连比例，其甲与乙若乙与丙、乙与丙若丙与丁、丙与丁若丁与戊，即一甲与三丙视一甲与二乙为再加之比例。又一甲与四丁视一甲与二乙为三加之比例。何者？甲、丁之中有乙、丙两几何为同理之比例，如甲与乙故也。又一甲与五戊视一甲与二乙为四加之比例也。若反用之，以戊为首，则一戊与三丙为再加、与四乙为三加、与五甲为四加也。

下第六卷二十题言此直角方形与彼直角方形为此形之一边与彼形之一边再加之比例。何者？若作三几何为同理之连比例，则此直角方形与彼直角方形若第一几何与第三几何故也。以数明之。如此直角方形之边三尺,而彼直角方形之边一尺,即此形边与彼形边若九与一也。夫九与一之间有三为同理之比例,则九、三、一三几何之连比例既有三与一为比例,又以九比三、三比一为再加之比例也。则彼直角方形当为此形九分之一,不止为此形三分之一也。大略第一与二之比例若线相比,第一与三若平面相比,第一与四若体相比也(第一与五,若算家三乘方;与六,若四乘方;与七,若五乘方。仿此以至无穷)。

第十一界

同理之几何,前与前相当,后与后相当。

上文已解同理之比例,此又解同理之几何者。盖一比例之两几何有前、后,而同理之两比例四几何有两前、两后,故特解言比例之论,常以前与前相当、后与后相当也。如上,甲与乙、丙与丁,两比例同理,则甲与丙相当、乙与丁相当也。戊己、己庚两比例同理,则己既为前,又为后,两相当也。如下文有两三角形之边相比,亦常以同理之两边相当。不可混也。

上文第六、第八界说几何之几倍,常以一与三同倍、二与四同倍,则以第一、第三为两前,第二、第四为两后,同理故。

第十二界

有属理,更前与前,更后与后。

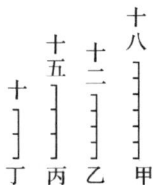

此下说比例六理，皆后论所需也。

四几何，甲与乙之比例若丙与丁，今更推甲与丙若乙与丁，为属理。下言属理，皆省曰更。

此论未证，证见本卷十六。

此界之理，可施于四率同类之比例。若两线、两面，或两面、两数等，不为同类，即不得相更也。

第十三界

有反理，取后为前，取前为后。

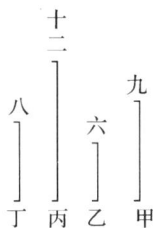

甲与乙之比例若丙与丁，今反推乙与甲若丁与丙，为反理。

证见本篇四之系。

此界之理，亦可施于异类之比例。

第十四界

有合理，合前与后为一而比其后。

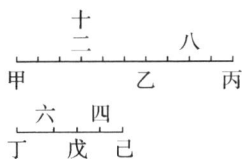

甲乙与乙丙之比例若丁戊与戊己，今合甲丙为一，而比乙丙，合丁己为一，而比戊己，即推甲丙与乙丙若丁己与戊己，是合两前、后率为两一率，而比两后率也。

证见本卷十八。

（编者注：共十九界，第十四界后内容略。）

10 第六卷（本篇论线面之比例，计三十三题）

第一题

等高之三角形、方形自相与为比例，与其底之比例等。

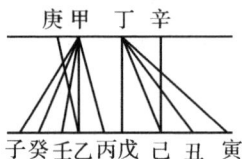

解曰：甲乙丙、丁戊己两角形等高，其底乙丙、戊己；丙庚、戊辛两方形等高，其底乙丙、戊己。题言甲乙丙与丁戊己之比例、丙庚与戊辛之比例，皆若乙丙与戊己。

论曰：试置四形于庚辛、子寅两平行线内（凡形自顶至底作垂线，即本形之高。故等高者，必在平行线内，见本卷界说四），于乙子线内作数底线，各与乙丙等，为乙壬、壬癸、癸子；己寅线内作数底线，各与戊己等，为己丑、丑寅。次从甲、从丁作甲壬、甲癸、甲子、丁丑、丁寅诸线，其甲乙丙、甲乙壬、甲壬癸、甲癸子四三角形既等底，而在平行线内，即等（一卷三八）。依显丁戊己、丁己丑、丁丑寅三三角形亦等。则子丙底线大于乙丙若干倍，而甲子丙角形大于甲乙丙亦若干倍。依显戊寅之倍戊己亦若丁戊寅之倍丁戊己（底线分数与形之分数等故）。即用三试法，若子丙底大于戊寅底，则甲子丙形亦大于丁戊寅形也；若等，亦等；若小，亦小也（一卷三八）。则一乙丙所倍之子丙、三甲乙丙所倍之甲子丙，与二戊己所倍之戊寅、四丁戊己所倍之丁戊寅,等、大、小皆同类也。而一乙丙底与二戊己底之比例若三甲乙丙与四丁戊己矣(五卷六界)。又丙庚、戊辛两方形各倍大于甲乙丙、丁戊己两角形(一卷卅三),而甲乙丙与丁戊己之比例既若乙丙与戊己,即丙庚与戊辛两方形之比例亦若乙丙与戊己两底矣(五卷十五)。或从壬、癸、子及丑、寅各作直线与庚乙、辛己平行,即依上论推显。

增题:凡两角形、两方形各等底,其自相与为比例,若两形之高之比例。

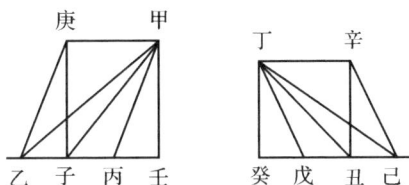

解曰:甲乙丙与丁戊己两角形,甲庚乙丙与丁戊己辛两方形,其底乙丙与戊己等,题方甲乙丙与丁戊己两角形之比例、甲庚乙丙与丁戊己辛两方形之比例,皆若甲壬与丁癸两高。

论曰:试作子壬底线与乙丙等,作丑癸底线与戊己等,次作甲子、丁丑两线,其甲壬子与甲乙丙两角形等底,又等高,即等。依显丁癸丑与丁戊己两角形亦等(一卷三八),即甲乙丙与丁戊己之比例若甲壬子与丁癸丑也(五卷七)。今以甲壬、丁癸为底,即甲壬子与丁癸丑两角形之比例若甲壬与丁癸两底也(本篇一),而甲乙丙与丁戊己之比例亦若甲壬与丁癸矣。又甲乙丙与丁戊己两角形之比例既以倍大,故若甲庚乙丙与丁戊己辛两方形之比例(五卷十五),即两方形之比例亦若甲壬与丁癸两底也(五卷十一)。若作庚子、辛丑两线,亦依前论推显。

第二题(二支)

三角形,任依一边作平行线,即此线分两余边以为比例,必等;三角形内有一线分两边以为比例而等,即此线与余边为平行。

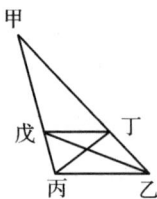

先解曰:甲乙丙角形内,如作丁戊线与乙丙平行,题言丁戊分甲乙、甲丙于丁、于戊,以为比例,必等者,甲丁与丁乙若甲戊与戊丙也。

论曰:试作丁丙、戊乙两线,其丁戊乙、丁戊丙两角形同以丁戊为底,同在两平行线内,即等(一卷三七),而甲戊丁与丁戊乙两角形之比例若甲戊丁与丁戊丙矣(五卷七)。夫甲戊丁与丁戊乙两角形亦在两平行线内(若于戊点上作一线与甲乙平行,即两形在其内),则甲戊丁与丁戊乙两角形之比例若甲丁与丁乙两底也(本篇一)。依显甲戊与戊丙两底之比例亦若甲戊丁与丁戊丙两角形也(两形亦在两平行线内故)。是甲丁与丁乙两线之比例、甲戊与戊丙两线之比例皆若甲戊丁与丁戊乙也,或与丁戊丙也(丁戊乙与丁戊丙等),则甲丁与丁乙亦若甲戊与戊丙也(五卷十一)。

后解曰:甲乙丙角形内有丁戊线,分甲乙、甲丙于丁、于戊,以为比例而等,题言丁戊与乙丙为平行线。

论曰:试作丁丙、戊乙两线,其甲丁与丁乙两底之比例若甲戊丁与丁戊乙两角形也(在两平行线内故,见本篇一),而甲丁与丁乙之比例若甲戊与戊丙,即甲戊丁与丁戊乙之比例亦若甲戊与戊丙也(五卷十一)。又甲戊与戊丙两底之比例既若甲戊丁与丁戊丙(在两平行线内故,见本篇一),则甲戊丁与丁戊乙之比例亦若甲戊丁与丁戊丙也(五卷十一)。而丁戊乙与丁戊丙两角形等矣(五卷九),两角形同以丁戊为底而等,则在两平行线内(一卷卅九)。

第三题(二支)

三角形,任以直线分一角为两平分,而分对角边为两分,则两分之比例若余两边之比例;三角形分角之线所分对角边之比例若余两边,则所分角为两平分。

先解曰:甲乙丙角形,以甲丁线分乙甲丙角为两平分,题言乙丁与丁丙之比例若乙甲与甲丙。

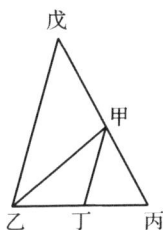

论曰：试作乙戊线与甲丁平行，次于丙甲线引长之至戊，其甲乙戊与乙甲丁为平行线相对之两内角，等，外角丁甲丙与内角戊亦等（一卷廿九）。今乙甲丁与丁甲丙又等，即甲乙戊角与戊角亦等也，而甲戊与甲乙两腰亦等矣（一卷六），则戊甲与甲丙之比例若乙甲与甲丙也（五卷七）。夫戊甲与甲丙之比例若乙丁与丁丙也（本篇二），则乙甲与甲丙之比例亦若乙丁与丁丙也（五卷十一）。

后解曰：乙丁与丁丙之比例若乙甲与甲丙，题言甲丁线分乙甲丙角为两平分。

论曰：依前作乙戊线与甲丁平行，而引丙甲线至戊。其乙甲与甲丙之比例既若乙丁与丁丙，甲丁线又与戊乙边平行，而乙丁与丁丙之比例若戊甲与甲丙（本篇二），即乙甲与甲丙之比例亦若戊甲与甲丙（五卷十一），是戊甲与乙甲两线等矣（五卷九），则甲乙戊角与戊角亦等也（一卷五）。夫甲乙戊与乙甲丁为平行线相对之两内角，等，而外角丁甲丙与内角戊亦等（一卷廿九），则乙甲丁、丁甲丙两角必等。

第四题

凡等角三角形，其在等角旁之各两腰线相与为比例，必等，而对等角之边为相似之边。

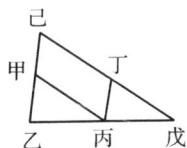

解曰：甲乙丙、丁丙戊两角形等角者，甲乙丙与丁丙戊、甲丙乙与丁戊

丙、乙甲丙与丙丁戊,每相当之各角俱等也。题言甲乙与乙丙之比例若丁丙与丙戊,甲乙与甲丙若丁丙与丁戊,甲丙与乙丙若丁戊与丙戊,而每对等角之边各相似。相似者,谓各前、各后率各对本形之相当等角。

论曰:试并置两角形,令乙丙、丙戊两底为一直线,而丁丙戊为甲乙丙之外角。其甲乙丙、甲丙乙两角既小于两直角(一卷廿七),丁戊丙与甲丙乙两角又等,即乙、戊两角亦小于两直角,而乙甲、戊丁两线引出之,必相遇(一卷界说十一)。即作两线,令遇于己,其丁丙戊外角与甲乙丙内角既等,即丁丙与己乙为平行线(一卷廿八)。依显甲丙乙外角与丁戊丙内角既等,即甲丙与己戊亦平行线(一卷廿八)。而甲己丁丙为平行线方形,则甲己与丁丙两线等也,甲丙与己丁两线等也(一卷卅四)。夫乙戊己角形内之甲丙线既与己戊边平行,即甲乙与等甲己之丁丙之比例若乙丙与丙戊也(本篇二)。更之,即甲乙与乙丙若丁丙与丙戊也(五卷十六)。又乙戊己角形内之丁丙线既与己乙边平行,即乙丙与丙戊之比例若等己丁之甲丙与丁戊也(本篇二)。更之,即乙丙与甲丙若丙戊与丁戊也(五卷十六)。甲乙与乙丙既若丁丙与丙戊,而乙丙与甲丙又若丙戊与丁戊,平之,即甲乙与甲丙若丁丙与丁戊也(五卷廿二)。

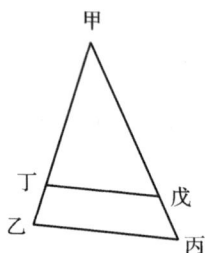

一系:凡角形内之直线与一边平行而截一分为角形,必与全形相似。如上,甲乙丙角形,作丁戊直线与乙丙平行而截一分为甲丁戊角形,必与甲乙丙全形相似。何者?甲丁戊外角与甲乙丙内角等,甲戊丁外角亦与甲丙乙内角等(一卷廿九),甲角又同,即两形相似,而各等角旁两边之比例等(本题)。

增题:凡角形之内任依一边作一平行线,于此边任取一点,向对角作直线,则所分两平行线比例等。

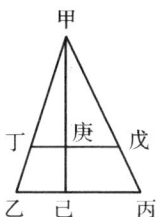

解曰:甲乙丙角形内作丁戊线与乙丙平行,次于乙丙边任取己点,向甲角作直线,分丁戊于庚。题言乙己与己丙之比例若丁庚与庚戊。

论曰:甲己乙、甲庚丁两角形既相似(本系),即甲己与己乙之比例若甲庚与庚丁也。更之,即甲己与甲庚若己乙与庚丁也(五卷十六)。依显甲己与甲庚若己丙与庚戊也,则乙己与丁庚亦若己丙与庚戊也(五卷十一)。更之,即乙己与己丙若丁庚与庚戊也(五卷十六)。

又论曰:甲己乙、甲庚丁两角形,甲己丙、甲庚戊两角形既各相似,即乙己与甲己之比例若丁庚与庚甲也(本系)。依显甲己与己丙亦若甲庚与庚戊也。平之,即乙己与己丙若丁庚与庚戊也(五卷廿二)。

第五题

两三角形,其各两边之比例等,即两形为等角形,而对各相似边之角各等。

解曰:甲乙丙、丁戊己两角形,其各两边之比例等者,甲乙与乙丙若丁戊与戊己,而乙丙与甲丙若戊己与丁己,甲丙与甲乙若丁己与丁戊也。题言此两形为等角形,而对各相似边之角甲与丁、乙与戊、丙与己各等。

论曰:试作己戊庚角与乙角等,作庚己戊角与丙角等,而戊庚、己庚两线遇于庚,即庚角与甲角等(一卷三二)。是甲乙丙、庚戊己两形等角矣,则甲乙与乙丙之比例若庚戊与戊己也(本篇四)。甲乙与乙丙元若丁戊与戊己,则庚戊与戊己亦若丁戊与戊己也(五卷十一),而丁戊与庚戊两线必等(五卷九）。又乙丙与甲丙之比例若戊己与庚己（本篇四），而乙丙与甲丙元若戊己与丁己，则戊己与庚己亦若戊己与丁己也（五卷十一），而丁己与庚己两线必等（五卷九）。夫庚戊、庚己两腰既与丁戊、丁己两腰各等，戊己同底，即丁角与庚角亦等（一卷八），其余庚戊己与丁戊己、庚己戊与丁己戊各相当之角俱等（一卷四）。而庚角与甲角既等，即丁角与甲角亦等，丁戊己角与乙角、丁己戊角与角俱等。

第六题

两三角形之一角等，而等角旁之各两边比例等，即两形为等角形，而对各相似边之角各等。

解曰：甲乙丙、丁戊己两角形，其乙与戊两角等，而甲乙与乙丙之比例若丁戊与戊己。题言余角丙与己、甲与丁俱等。

论曰：试作己戊庚角与乙角等，作庚己戊角与丙角等，而戊庚、己庚两线遇于庚。依前论推显，甲乙丙、庚戊己两形等角，即甲乙与乙丙之比例若庚戊与戊己也（本篇四）。甲乙与乙丙元若丁戊与戊己，则庚戊与戊己亦若丁戊与戊己也（五卷十一），而丁戊与庚戊两线必等（五卷九）。夫丁戊、庚戊两边既等，戊己同边，庚戊己角与丁戊己角又等（丁戊己角与乙角等，而己戊庚亦与乙等故），即其余各相当之角俱等（一卷四）。而庚角既与甲角等，庚己戊角既与丙角等，即甲角、丙角与丁角、戊己丁角各等，而甲乙丙、丁戊己为等角形矣。

第七题

两三角形之第一角等，而第二相当角各两旁之边比例等，其第三相当角或俱小于直角，或俱不小于直角，即两形为等角形，而对各相似边之角各等。

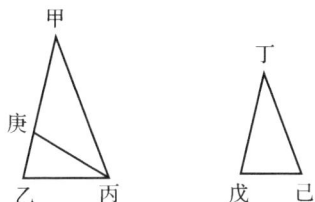

解曰：甲乙丙、丁戊己两角形，其一甲角与一丁角等，而第二相当角如甲丙乙两旁之甲丙、丙乙两边偕丁己戊两旁之丁己、己戊两边比例等，其第三相当角如乙与戊，或俱小于直角，或俱不小于直角。题言两形等角者，谓甲丙乙角与己等，乙角与戊等。

先论乙与戊俱小于直角者，曰：如云不然，而甲丙乙大于己，令作甲丙庚角与己等，即甲庚丙角宜与戊等（一卷卅二），甲庚丙与丁戊己为等角形矣，即甲丙与丙庚之比例宜若丁己与己戊（本篇四）。而先设甲丙与丙乙若丁己与己戊也，是甲丙与丙庚亦若甲丙与丙乙也（五卷十一），是庚丙与乙丙两线等也（五卷九），丙庚乙与丙乙庚两角亦等也（一卷五）。夫乙既小于直角，即等腰内之丙庚乙亦小于直角，则较之丙庚甲必大于直角也（丙庚甲、丙庚乙两角等于两直角。见一卷十三）。而丙庚甲既与戊等，则丙庚乙宜大于直角矣，其相等之乙角何由得小于直角也？

后论乙与戊俱不小于直角者，曰：如云不然，依先论，乙角与丙庚乙角等，即丙庚乙亦不小于直角。夫丙庚乙、丙乙庚同为角形内之两角，乃俱不小于直角（一卷十七），何也？则甲丙乙不得不等于丁己戊也，而其余乙与戊角等矣（一卷卅二）。

第八题

直角三边形，从直角向对边作一垂线，分本形为两直角三边形，即两形皆与全形相似，亦自相似。

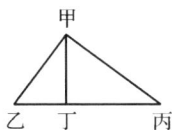

解曰：甲乙丙直角三边形，从乙甲丙直角作甲丁垂线，题言所分甲丁丙、甲丁乙两三边形皆与全形相似，亦自相似。

论曰：甲乙丙、甲丁丙两形既各以乙甲丙、甲丁丙为直角，而丙角又同，即其余甲乙丙、丁甲丙两角必等（一卷三二），则甲乙丙、甲丁丙两形必为等角形，而等角旁之各两边比例必等。等者，谓乙丙与甲丙若甲丙与丙丁也，甲丙与甲乙若丙丁与甲丁也，乙丙与甲乙若甲丙与甲丁也，即甲丁丙角形与甲乙丙全形相似矣（本篇四）。依显甲丁乙角形与甲乙丙全形亦相似也。何者？丙甲乙、甲丁乙两皆直角，而乙角又同，即其余甲丙乙、丁甲乙两角必等（一卷卅二），甲乙丙、甲丁乙两形必为等角形，而等角旁之各两边比例必等故也。依显甲丁乙、甲丁丙两角形亦相似也。何者？两形各与全形相似，即两形自相似（五卷十一）。

系：从直角作垂线，即此线为两分对边线比例之中率，而直角旁两边各为对角全边与同方分边比例之中率。何者？丙丁与丁甲之比例若丁甲与丁乙也，故丁甲为丙丁、丁乙两分边比例之中率也。又乙丙与丙甲之比例若丙甲与丙丁也，故丙甲为乙丙、丙丁之中率也。乙丙与乙甲之比例若乙甲与乙丁也，故乙甲为乙丙、乙丁之中率也。

第九题

一直线，求截所取之分。

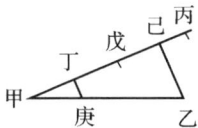

法曰：甲乙直线，求截取三分之一。先从甲任作一甲丙线为丙甲乙角，次从甲向丙任作所命分之平度，如甲丁、丁戊、戊己为三分也。次作己乙直线，末作丁庚线与己乙平行，即甲庚为甲乙三分之一。

论曰：甲乙己角形内之丁庚线既与乙己边平行，即己丁与丁甲之比例若乙庚与庚甲也（本篇二）。合之，己甲与甲丁若乙甲与庚甲也（五卷十八）。而甲丁既为己甲三分之一，即庚甲亦为乙甲三分之一也。

　　注曰：甲乙线，欲截取十一分之四，先作甲丙线为丙甲乙角，从甲向丙任平分十一分至丁，次作丁乙线，末从甲取四分得戊，作戊己线与丁乙平行，即甲己为十一分甲乙之四。何者？依上论，丁甲与戊甲之比例若乙甲与己甲也。反之，甲戊与甲丁若甲己与甲乙也（五卷四）。甲戊为十一分甲丁之四，则甲己亦十一分甲乙之四矣。依此可推不尽分之数。盖四不为十一之尽分故。

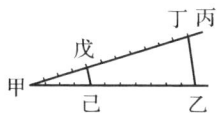

　　　　　　　　　　　　（编者注：共三十三题，第九题后内容略。）

二

测量法义

1 点校说明①

徐光启《题测量法义》云："西泰子之译测量诸法也,十年矣。法而系之义也,自岁丁未始也。""十年矣",殆指利玛窦一五九八年在南京和张养默一起翻译《几何原本》,事见于《利玛窦中国札记》(中华书局,一九八三年)。万历"丁未"(一六○七),利玛窦、徐光启完成《几何原本》翻译之后,两人又开始了《测量法义》的翻译。《几何原本》为"测量"之法,《测量法义》为之立"义"。据此,《测量法义》的翻译,当从一六○七年开始。另外,徐光启提到"西泰子",未有缅怀的口吻,应在利玛窦逝世之前。即《测量法义》的翻译和刊刻,当在一六○七年到一六一○年之间。

《测量法义》署"泰西利玛窦口译,吴淞徐光启笔受",为利、徐最后之合作。按徐骥《徐文定公行实》所陈"《清台奏章》《兵事疏》《几何原本》《测量》《勾股》《水法》《简平仪》《农遗杂疏》《毛诗六帖》《百字诀》行于世",则《测量法义》为徐光启生前刊刻作品。李之藻编《天学初函》,《测量法义》

① 本书后面的选文均录自:李天纲点校,《测量法义》(外九种)。朱维铮、李天纲主编,《徐光启全集》,上海古籍出版社,2011年。不再一一标注。

收入"器编"。清初编《四库全书》，将《测量法义》《测量异同》《勾股义》一并列述。《四库全书总目提要》在三书名目之下，称"明徐光启撰，首卷(即《测量法义》)演利玛窦所译，以明勾股测量之义"，则《提要》作者以为是"徐光启撰"，为《几何原本》之"演义"。

徐光启关注测量有年，万历三十一年(一六〇三)有《丈量河工及测验地势法》呈送上海知县刘一爌，以期实践。徐光启早期研习《周髀算经》《九章算术》，意图接续汉学之"勾股"。遭遇利玛窦后，知希腊亦有"几何"之学。徐光启主张融通"汉学"和"希腊学"，创为明代中国之"新学"，实为时代先驱。中西测量融通之学理，如《四库全书总目提要》所概括：《测量法义》"首造器，'器'即《周髀》所谓'矩'也。次论景，景有倒正，即《周髀》所谓仰矩、覆矩、卧矩也。次设问十五题，以明测望高深广远之法，即《周髀》所谓知高、知远、知深也"。除李之藻《天学初函》刊载《测量法义》外，《周髀井田记》亦将《测量法义》收录。《徐光启著译集》据《周髀井田记》之明刻本影印，为本次标点之底本。

李天纲

二〇一〇年十一月

2　题测量法义

西泰子之译测量诸法也，十年矣。法而系之义也，自岁丁未始也。曷待乎？于时《几何原本》之六卷始卒业矣，至是而后能传其义也。是法也，与《周髀》《九章》之句股、测望异乎？不异也。不异何贵焉？亦贵其义也。刘徽、沈存中之流，皆尝言测望矣。能说一表，不能说重表也。言大小句股能相求者以小股大句，小句大股两容积等，不言何以必等能相求也，犹之乎丁未以前之西泰子也。曷故乎？无以为之借也。无以为之借，岂惟诸君子不能言之,即隶首商高亦不得而言之也。《周髀》不言,借乎非借也。借之中又有借焉,不尽说《几何原本》不止也。《原本》之能为用如是乎? 未尽也,是鼷之于河而蠡之于海也,曷取是焉? 先之数易见也,小数易解也。广其术而以之治水、治田之为利钜,为务急也。故先之嗣而有述者焉,作者焉,用之乎百千万端。夫犹是饮于河而勺于海也,未尽也。是《原本》之为义也。吴淞徐光启撰。

3 造 器

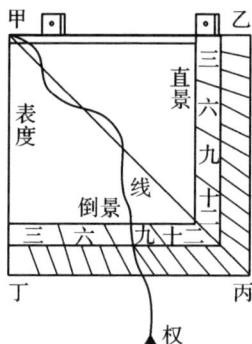

测量者,以测望知山岳楼台之高,井谷之深,土田道里之远近也。其法先造一测望之器,名曰"矩度"。造矩度法,用坚木版或铜版,作甲乙丙丁直角方形。以甲角为矩极,作甲丙对角线。次依乙丙、丙丁两边各作相近两平行线。次以乙丙、丙丁两边,各任若干平分之。从甲向各分,各作虚直线,而两边之各外两平行线间,则作实线。如上图,即外两线间,为宗矩极之十二平分度也。其各内两平行线间,则于三、六、九度,亦作实线,以便别识。若以十二度更细分之,或每度分三、分五、分六、分十二,视矩大小作分。分愈细,即法愈详密矣。次于甲乙边上,作两耳相等,耳各有通光窍。通光者,或取日光相射,或取目光透照也。或植两小表代耳,亦可。其耳窍,表末须与甲乙平行,末从甲点置一线,线末垂一权,其线稍长于甲丙对角线,用时任其垂下,审定度分(既设表度十二,下方悉依此论。若有成器,欲验己如式否,亦同上法。其用法,如下方诸题)。

4 论 景

法中俱用直景、倒景、布算,故先正解二景之义,次解其转合于矩度,以资后论。

直景者,直立之表,及山岳、楼台、树木、诸景之在平地者也。若于向日墙上横立一表,表景在墙,则为倒景。

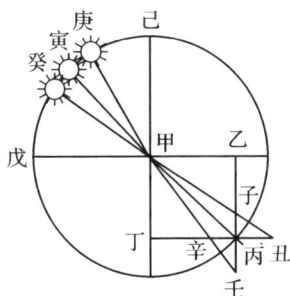

如上图,作甲乙丙丁直角方形,于乙丙、丁丙各从丙任引长之,令丁丙为地平面,或为地平平行面,其乙丙亦向日作面,与地平面为直角。即甲丁为丁丙平面上直立之表,而甲乙为乙丙平面上横立之表也。次以甲为心,丙为界,作戊己丙圜,次引甲乙、甲丁线各至圜界。夫地球比日天,既止一点(说见《天地仪解》)即甲点为地心。丁丙面在地心之下,而戊己丙圜,为随地平上日轮之天顶圜矣。即戊乙亦可当地平线,而己丁线,为正过顶圜矣,则丁丙面离地平线者,甲丁表之度,而乙丙面离过顶圜线者,甲乙表之度也。故日轮在庚,其光必过地心甲。截丁丙面于辛,而遇乙丙之引长面于壬,则甲丁表在丁丙面上之丁辛景,为直景;而甲乙表在乙丙面上之乙壬景,为倒景。若日轮在癸,则丁丑为直景,而乙子为倒景。若日轮在寅,则丁丙为直景,而乙丙为倒景。是甲乙丙丁直角方形之内,随日所至,其直景恒在丁丙边,倒景恒在乙丙边也。

凡测量,于二景得一,即可推算。但须备晓二景之理,何者? 有直景过丁丙边之外,有倒景过乙丙边之外。如上图者,则直景过丁丙边,如丁丑,当用倒景代之。倒景过乙丙边,如乙壬,当用直景代之也。若日光至丙,即直倒景等,可任意用之。因两景各与本表等故。

欲知目前日景所至在丙耶? 在丁丙、乙丙之内耶? 又有一法。如日轮离地平四十五度,即景当在丙;日在四十五度以上,即景在丁丙之内;日在四十五度以下,即景在乙丙之内。

论曰:戊甲己、己甲乙、乙甲丁、丁甲戊既四皆直角,即等。而对直角之各圜界,亦等(三卷廿六)。是每分为四分圜之一也,而戊己亦四分圜之一也。又甲丙对角线分乙甲丁角为两平分(一卷三十四注),即丁甲丙、丙甲乙两角等,戊甲寅、寅甲己两交角亦等(一卷十五)。而戊寅、寅己两圜界,亦等。夫戊己圜界既九十度,即戊寅必四十五度,则日在寅,景必在丙。日在寅之下,倒景必在乙丙之内。日在寅之上,直景必在了丙之内(凡云某卷某题者,皆引《几何原本》为证。下同)。

今从上论解二景之转合于矩度者,如日轮高四十五度而其光过甲乙,即矩度上权线在丙。日在四十五度以上,即权线在乙丙边之内。日在四十五度以下,即权线在丁丙边之内。故矩度上之乙丙边为直景,而丁丙为倒景。

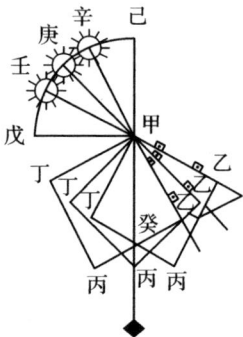

论曰:前图之甲戊己分圜形,既四分之一,试两平分之于庚,即日在庚为四十五度,在辛为四十五度以上,在壬为四十五度以下。设于辛、庚、壬各出日光下射,为辛甲乙、庚甲乙、壬甲乙三景线,同过甲心,而以矩度承之其甲为地心,而甲乙边与日景相直,次以己甲线引长之,至地心下为丙,而甲丙为矩度之权线。夫戊庚、庚己圜界既等,即戊甲庚、庚甲己两角亦等(三卷廿七)。戊甲己既直角,即戊甲庚、庚甲己皆半直角(一卷十五)。而矩度上之乙甲丙角,在庚甲乙景线及甲丙权线内者,亦半直角。凡直角方形之对角线,必分两直角为两平分。即甲丙为依庚甲乙景线之甲乙丙丁直角方形之对角线(一卷三十四注),则日在庚为四十五度,权线必在丙。又己甲辛角小于己甲庚半直角,即辛甲乙景线及甲丙权线内之乙甲癸交角,亦小于半直角(一卷十五)。凡直角方形之对角线,必分两直角为两平分(一卷三十四注),则于依辛甲乙景线之甲乙丙丁直角方形上,若作一甲丙对角线,其权线必不至丙,必在乙丙之内,而分乙丙边于癸。是日在四十五度之上,其权线必在乙丙边之内也。又己甲壬角大于己甲庚半直角,即壬甲乙景线,及甲丙权线内之乙甲癸交角,亦大于半直角(一卷十五)。凡直角方形之对角线,必分两直角为两平分(一卷三十四注),则于依壬甲乙景线之甲乙丙丁直角方形上,若作一甲丙对角线,其权线必过丙,必在丁丙之内,而分丁丙边于癸。是日在四十五度之下,其权线必在丁丙边之内也。故矩度之内,其傍通光耳之分度边为直景,而对通光耳之分度边为倒景。

5 本题十五首

第一题

日轮高四十五度,直景、倒景,皆与表等。在四十五度以上则直景小于表,而倒景大于表。在四十五度以下,则直景大于表,而倒景小于表。

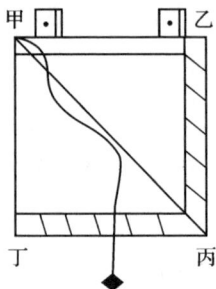

依矩度,即可明此题之义。盖上已论日轮在四十五度,权线必在丙,即显乙丙直景、丁丙倒景,皆与甲乙、甲丁两表等。何者?直角方形之各边俱等故也。若日在四十五度以上,权线必在乙丙分度边上,而倒景当在丁丙之引出边上。是直景小于倒景,而倒景大于甲丁表。若日在四十五度以下,权线必在丁丙分度边上,而直景当在乙丙之引出边上,是倒景小于直景,而直景大于甲乙表。

第二题

表随日所至,皆为直景与倒景连比例之中率。

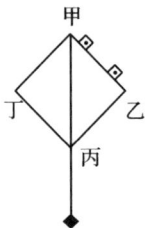

先设日轮在四十五度,而权线在丙,题言甲乙,或甲丁表,皆为乙丙直景,与丁丙倒景,连比例之中率。

论曰:甲乙丙丁直角方形之四边既等,即乙丙直景,与甲乙或甲丁表之比例,若表与丁丙倒景。何者?三线等,即为两相同之比例故。

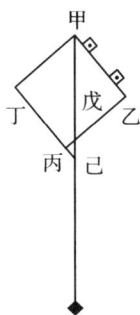

次设日轮在四十五度以上,权线在乙丙直景边内,分乙丙于戊,而例景在丁丙之引出边上。遇权线于己,题言甲乙,或甲丁表,为乙戊直景,与丁己倒景,连比例之中率。

论曰:乙与丁,两直角等,而乙甲戊与己,相对之两内角亦等(一卷廿八)。即甲乙戊、己丁甲为等角形(六卷四),则乙戊直景,与甲乙或甲丁表之比例,若表与丁己倒景,是甲乙或甲丁表为两景之中率(六卷八之系)。

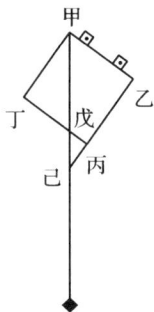

后设日轮在四十五度以下,权线在丁丙倒景边内,分丁丙于戊,而直景在乙丙之引出边上,与权线遇于己。题言甲乙或甲丁表,为丁戊倒景,与乙己直景,连比例之中率。

论曰:丁与乙,两直角等,而丁甲戊与己,甲戊丁与乙甲己,各相对之两内角各等(一卷廿八),即甲丁戊、甲乙己为等角形(六卷四),则丁戊倒景,与甲乙,或甲丁表之比例,若表与乙己直景。是甲乙,或甲丁表,为两景之中率(六卷八之系)。

注曰:直景表倒景三线既为连比例,即直景、倒景两线矩内直角形与表上直角方形等(六卷十七)。故表度十二,则其幂为一百四十四。若以为实,以所设景数为法除之,即得所求景数。假如权线所至在倒景之三度,即以三为法除其实,一百四十四得四十八度为直景。又如权线所至在所设景之五度三分度之二,即所求景为二十五度十七分度之七。何者?以五度三分度之二为法除其实一百四十四,即得二十五度十七分度之七。是二景互变相代法(畸分除法见后附)。

第三题

物之高立于地平以直角,其景与物之比例若直景与表,亦若表与倒景。

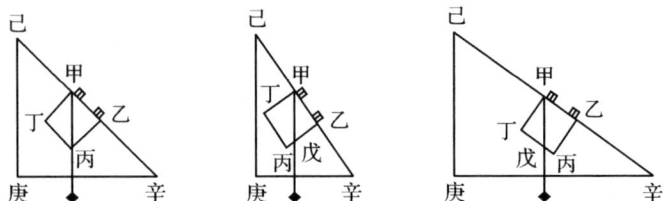

解曰:物主高以直角立于地平如己庚,其景在地平上为庚辛。题言:直景与表之比例若庚辛与己庚,又言表与倒景之比例若庚辛与己庚(凡言地平者,皆依直线取平。若不平者,须先准平,然后测量后仿此)。

先论权线在丙者,曰:权线恒与物之高为平行线。何者? 两线下至庚辛,皆为直角故(一卷廿八)。即辛甲丙角与己角等(一卷廿九),而乙与庚两直角又等,则甲乙丙己庚辛为等角形(一卷卅二)。是乙丙直景与甲乙表之比例,若庚辛景与己庚高(六卷四)。

二论曰:若权线在乙丙直景边内,而分乙丙于戊,依前论,显乙甲戊角与己角等(一卷廿九)。乙角与庚角等,则甲乙戊、己庚辛为等角形(一卷卅二)。是乙戊直景与甲乙表之比例,若庚辛景与己庚高(六卷四)。

三论第一图之倒景曰:权线在丙,其己角、丁丙甲角,各与乙甲丙角等(一卷廿九)。即自相等,丁角与庚角又等,则甲丁丙与己庚辛亦等角形(一卷卅二)。是甲丁表与丁丙倒景之比例,若庚辛景与己庚高(六卷四)。

后论曰:若权线在丁丙倒景边内,而分丁丙于戊,依前论显乙甲戊角与己角等(一卷廿九),即丁戊甲角与己角亦等(一卷廿八)。丁角与庚角又等,则丁戊甲己庚辛为等角形(一卷卅二)。是甲丁表与丁戊倒景之比例,若庚辛景与己庚高(六卷四)。

注曰:前既论(本篇第一题)日轮在四十五度,直景、倒景,皆与表等;在四十五度以上,直景小于表;在四十五度以下,表大于倒景,即显日轮在四十五度。各物在地平之景,与其物之高等。在四十五度以上,即景小于物;在四十五度以下,即景大于物。如上三图可见。

第四题

有物之景,测物之高

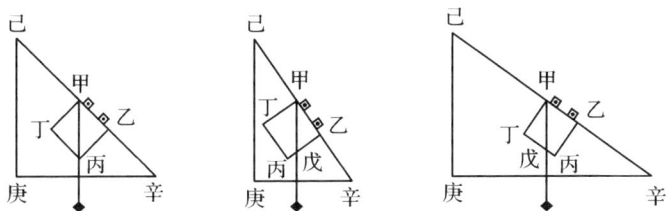

法曰:如前图,以矩度向日,甲耳在前,取日光透耳两窍,以权线与矩度平直相切,任其垂下。细审所值何度何分,若在十二度之中对角线上,则景与物必正相等(本篇三题注)。故量其景长,即得其物高。若权线在直景边,即景小于物(本篇三题注)。则直景与表之比例,若物之景与其高,用三数法,以直景上所值度分为第一数,以全表度十二为第二数,以物景之度为第三数。算之,即所得数,为其物高(三数算法见后附)。

注曰:欲测己庚之高,以矩度承日,审权线。如在直景乙戊,得八度正,庚辛景三十步,即以表度十二,庚辛三十步。相乘得三百六十为实,以乙戊八度为法除之,得四十五,即己庚之高四十五步。

若权线在倒景边,即景大于物(本篇三题注),则表与倒景之比例,若物之景与其高,用三数法。以表为第一数,以倒景上所值度分为第二数,以物景之度为第三数,算之,即所得数为其物高。

注曰:欲测己庚之高,以矩承日,审权线。如在倒景丁戊得七度五分度之一,庚辛景六十步,即以丁戊七度五分度之一,庚辛六十步。相乘得二千一百六十为实,以表度六十分为法除之,得三十六,即己庚之高三十六步(因权值有畸分五分度之一,故以分母五通七度,通作三十五分,以分子一从之为三十六分,其表度十二,亦通作六十分。说见算家六分法)。

第五题

有物之高,测物之景

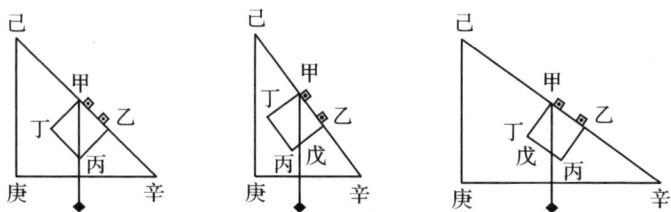

法曰:如前图,以矩度承日,审值度分。若权线在丙,则景与物等(本篇三题注)。

若权线在直景边,即物大于景(本篇三题注),即直景与表之比例,若景与物。反之,则表与直景,若物之高与其景(五卷四之系)。用三数法,以表为第一数,直景度分为第二数,物高度为第三数,算之即所得数为景度。

若权线在倒景边,即物小于景(本篇三题注),则表与倒景之比例,若景与物。反之,则倒景与表,若物之高与其景(五卷四)。用三数法,以倒景度分为第一数,表为第二数,物高度为第三数。算之,即所得数为景度。

第六题

以目测高

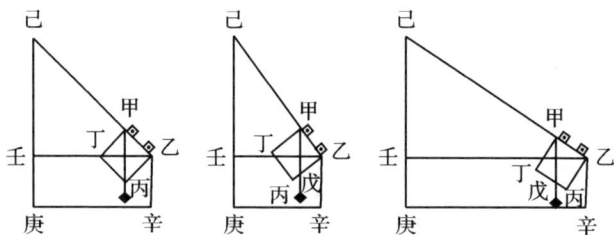

法曰:欲于辛目测己庚之高,先用一有度分之表,与地平为直角,以审目至足之高。次以矩度向物顶,甲耳在前,目切乙后,而乙辛为目至足之高,以权线与矩度平直相切,任其垂下。目切于乙不动,而以甲角稍移就物顶,令目光穿两耳窍,至物顶,作一直线(如不能以目透通光耳中,只取两耳角或两小表相对,亦可)。细审权线,值何度、分,依前题论,直景与表之比例,表与倒景之比例,皆若庚辛,或等庚辛之乙壬(若自乙至壬作直线,即与庚辛平行相等。见一卷卅四)与己壬(壬庚与乙辛等,见一卷廿八),观上论(本篇三题)及本图自明。盖三图之甲乙丙、甲乙戊、甲丁戊,各与其己壬乙为等角形,则量辛庚之度,而作直景与表之比例,或作表与倒景之比例,皆若辛庚与三数法所求得之他数,即得己壬之高。次加目至足乙辛之高,即得己庚之高。

注曰:如欲测己庚高,权线在直景,即以直景乙戊为第一数,表为第二数,庚辛为第三数。若在倒景,即以表为第一数,以丁戊倒景为第二数,庚辛为第三数,各算定,各加自目至足乙辛数,即得。

若权线不在丙,而有平地可前可却,即任意前却,至权线值丙而止。即不必推算,可知其高。

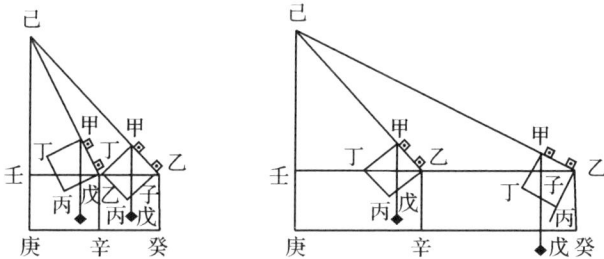

若辛不欲至庚,或不能(或为山水、林木、屋舍所隔,或地非平面),则用两直景较算。其法依前用矩度向物顶,审权线在直景否。如在倒景,即以所值度分,变作直景(本篇二题注)。次从辛,依地平直线,或前或却,任意远近。至癸,仍用矩度向物顶,审权线在直景否。如在倒景,亦以所值度分变作直景(本篇二题注),次以两直景度分相减之较为第一数,以表为第二数,以辛癸大小两相距之较为第三数。依法算之,即得己壬之高。加自目至足乙癸,即得己庚之高。何者?两景较,与其表之比例,若两相距之较,与物之高故。下论详之。

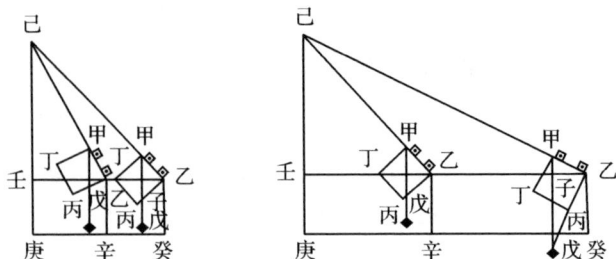

论曰：以两直景之小乙戊线，减其大乙戊线，存子戊线，为景较，以两相距之小庚辛线，减其大庚癸线，存癸辛线，为距较，则子戊较线与甲乙表之比例，若癸辛较线与己壬线。何者？依上论（本篇三题），大乙戊直景与甲乙表之比例，若乙壬，或等乙壬之庚癸大相距之远，与己壬之高更之，即大乙戊直景，与大相距癸庚之比例，若甲乙表与己壬之高（五卷十六），依显小乙戊直景，或等小乙戊之乙子，与小相距之庚辛之比例，若甲乙表与己壬之高，则大乙戊直景与大相距庚癸之比例，亦若乙子小直景，与小相距之庚辛也。夫大乙戊与大相距庚癸，两全线之比例，既若两所减之乙子与庚辛（五卷十九）转之，即大乙戊与庚癸两全线之比例，亦若两减余之子戊与辛癸（五卷十九）。而前已论乙戊全，与庚癸全之比例，若甲乙表与己壬之高，则两减余之子戊与辛癸之比例，亦若甲乙表与己壬之高（五卷十一）。更之，则景较子戊与甲乙表之比例，若距较癸辛与己壬之高（五卷十六）。

注曰：如前图，欲测己庚之高，先于辛得直景小乙戊为五度，次却立于癸，得直景大乙戊为十度。景较五度，以为第一数，以表度为第二数。次量距较癸辛十步，以为第三数。依法算得二十四步，加自目至足乙辛或一步，即知己庚高二十五步。如后图，先于辛得直景小乙戊为十一度，次却立于癸，得倒景九度，即如前法，变作大乙戊直景十六度。景较五度，以为第一数，以表度为第二数，次量距较癸辛二十步，以为第三数。依法算得四十八步，加自目至足乙辛或一步，即知己庚高四十九步。

若山上有一楼台，欲测其楼台之高。先于平地总测楼台顶至地平之高，次测山高，减之即得。有楼台高数层，欲测各层之高，仿此。

第七题

地平测远

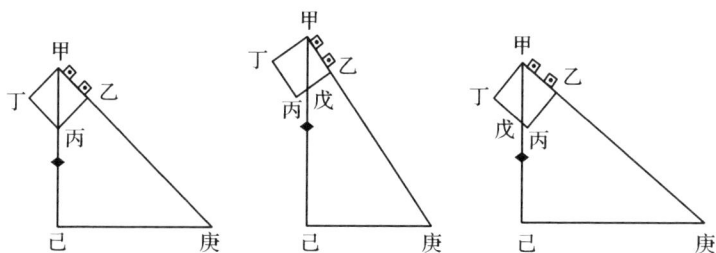

法曰:欲于己,测己庚地平之远。先用一有度分之表,与地平为直角,以审目至足之高,为甲己。若量极远者则立楼台或山岳之上,以目下至地平,为甲己(欲知山岳楼台之高,已具前测高法)。次以矩极甲角切于目,以乙向远际庚,如前法,稍移就之。令甲乙庚为一直线,细审权线值何度分,如权线在丙则高与远等。若在乙丙直景边,即高大于远,而矩度上截取甲乙戊与甲己庚为等角形。何者? 两形之乙与己各为直角,庚甲己与乙甲戊为同角,即其余角必等故(一卷卅二)。则甲乙表与乙戊直景之比例,若甲己高与己庚远也(六卷四)。若权线在丁丙倒景边,即高小于远,而矩度上截取甲丁戊与甲己庚为等角形。何者? 两形之丁与己各为直角,己甲庚与甲戊丁相对之两内角等(一卷廿九),即其余角亦等故(一卷卅二)。则丁戊倒景与甲丁表之比例,若甲己高与己庚远也(六卷四)。次以表为第一数,直景为第二数。以倒景为第一数,表为第二数。各以甲己为第三数,依法算之,各得己庚之远。

第八题

测井之深

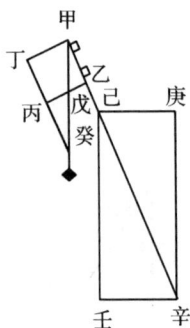

法曰：己壬辛庚井，其口之边，或径为己庚，欲测己壬之深。用矩极甲角切目，以乙从己，向对边，或径之水际辛，如前法，稍移就之。令甲乙己辛为一直线，即权线垂下，截取矩度之甲乙戊，与己壬辛为等角形。何者？两形之乙与壬各为直角，壬己辛与乙甲戊两角，为己壬、甲癸两平行线（井甃必用垂线，故与权线平行）之同方内、外角等（一卷廿九），即其余角亦等故。则乙戊直景与甲乙表之比例，若等己庚口之壬辛底与己壬深也（六卷四）。次以直景为第一数，表为第二数，己庚为第三数，依法算之，即得己壬之深。

若权线在倒景，即表与倒景之比例，若井之己庚口与己壬深，观甲癸丁角形可推。何者？癸与乙甲戊，相对两内角等（一卷廿九），即与壬己辛角等故。以表为第一数，倒景为第二数，己庚口为第三数，依法算之，亦得己壬之深。

注曰：乙戊直景三度，己庚井口十二尺。依法算得四十八尺，即己壬之深。丁癸倒景四十八度，依法算同。

第九题

以平镜测高

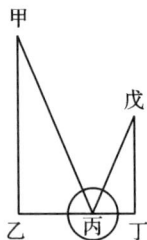

法曰:欲测甲乙之高,以平镜依地平线置丙,人依地平线立于丁,目在戊,向物顶甲,稍移就之。令目见甲在镜中心,是甲之景,从镜心反射于目,成甲丙戊角。即目光至镜心,偕足至镜心两线,作戊丙丁角,与甲丙乙角等(此论见欧几里得《镜书》第一题),即甲乙丙、戊丁丙为等角形(乙丁两皆直角故),则足至镜心丁丙与目至足之高丁戊之比例,若物之底至镜心乙丙与其高甲乙也(六卷四)。今量丁丙为第一数,丁戊为第二数,乙丙为第三数,依法算之,即得甲乙之高。

注曰:可以盂水当镜,若测极远,可以水泽当镜。

第十题

以表测高

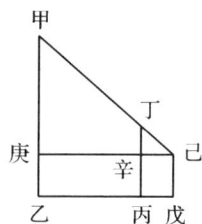

法曰:欲测甲乙之高,依地平线,任立一表于丙,为丁丙,与地平为直角(凡立表,以线垂下,三面附表,即与地平为直角)。次依地平线,退立于戊,使目在己,视表末丁与物顶甲为一直线。若表仅与身等或小于身,则俯首移就之可也(或别立一小表为己戊,亦可)。次量目至足之数,次想从己目至甲乙上之庚点,作直线,与乙戊平行,而分丁丙表于辛,即己辛丁、己庚甲为等角形(六卷四),则等丙戊之辛己,与辛丁之比例,若等乙戊之庚己与庚甲也。次量丙戊为第一数,辛丁为第二数,乙戊为第三数,依法算之,即得甲庚之高。加目至足之数己戊,即得甲乙之高。

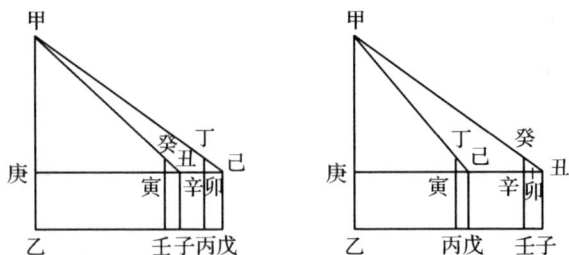

若戊不欲至乙，或不能，则用两表较算。如前图，立于戊，目在己，己得辛己等丙戊之度。次依地平线，或前或却，又立一表（或即用前表，或两表等），为癸壬。依前法，令丑子与己戊目至足之度等，而使丑、癸、甲为一直线，即又得寅丑等壬子之度。其壬子若移前所得，必小于丙戊。何者？己辛与辛丁之比例，若己庚与庚甲；丑寅与寅癸，若丑庚与庚甲（六卷四）。而己庚与庚甲，大于丑庚与庚甲（五卷八），即己辛与辛丁，亦大于丑寅与寅癸也。又辛丁与寅癸既等（癸壬、丁丙元同，所减寅壬辛丙等，即所存亦等），即己辛必大于丑寅也（五卷十）。次以两测所得之己辛与丑寅，相减得卯辛较，以为第一数。以表目相减之较丁辛或癸寅为第二数，以两相距之较戊子或己丑为第三数。依法算之，即得甲庚之高。加目至足之数，即得甲乙之高。

论曰：两测较卯辛，与表目较辛丁或癸寅，其比例若距较戊子或己丑与庚甲。何者？己辛与辛丁，既若己庚与庚甲（五卷四），更之，即己辛与己庚，若辛丁与庚甲也（五卷十一）。依显丑寅与丑庚，若寅癸与庚甲也，则丑寅与丑庚，亦若辛丁与庚甲也（辛丁与寅癸等故）。而己辛全线，与己庚全线若己辛所截取之己卯（己卯与丑寅等故），与己庚所截取之丑庚也，则己辛全，与己庚全，亦若己辛分余之卯辛与己庚分余之己丑也（五卷十九）。前已论己辛与己庚若辛丁与庚甲，即卯辛与己丑，亦若辛丁与庚甲也。更之，即两测较卯辛与表目较辛丁，若距较等子戊之己丑与甲庚也。若却后而得壬子，则反上论之。

第十一题

以表测地平远

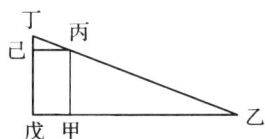

法曰：欲于甲测甲乙地平远，先依地平线立一表为丙甲，与地平为直角。其表稍小于身之长。次却立于戊，目在丁，视表末丙与远际乙为一直线。次想己丙作直线，与甲乙平行，而分丁戊于己。即丙己丁、丙甲乙为等角形(六卷四)。何者？甲与己两为直角，丙丁己、乙丙甲为平行线同方内、外角等(一卷廿九)，即其余角必等故(一卷卅二)。则表目较丁己与表目相距之度己丙之比例，若丙甲表与甲乙也。次以丁己为第一数，丙己为第二数，丙甲为第三数。依法算之，即得甲乙之远。

第十二题

以矩尺测地平远(今木工为方所用)

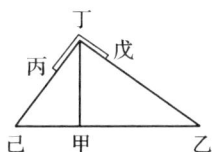

法曰：欲于甲测甲乙地平远，先立一表，为丁甲与地平为直角。次以矩尺之内直角，置表末丁。以丁戊尺向远际乙，稍移就之，令丁戊乙为一直线。次从丁丙尺上依一直线视地平，得己。次量己甲为第一数，丁甲为第二数，又为第三数，依法算之，即得甲乙之远。

论曰：己丁乙既直角，若从丁作丁甲，为己乙之垂线，即丁甲为甲己、甲乙之中率(六卷八之系)。次以丁甲表自乘为实，以甲己之度为法除之，即得甲乙之远(六卷十七)。

第十三题

移测地平远及水广

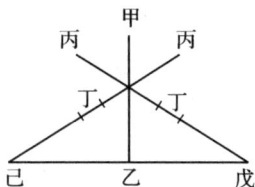

法曰:欲于乙测乙戊地平远及江河溪壑之广,凡近而不能至者,于此际立一表,为甲乙与地平为直角。次以一小尺或竹木等为丙丁,邪加表上,稍移就彼际戊,作一直线。次以表带尺旋转,向地平视丙丁尺端所直,得己。次自乙量至己,即得乙戊之数。

论曰:甲乙戊与甲乙己,两直角形等,即相当之乙戊与乙己两边亦等。则量乙己,得乙戊(一卷廿六)。

又论曰:若以乙为心,己戊为界,作圜,即乙己戊为同圜之各半径等。

注曰:如不用表,以身代作甲乙表;不用尺,或以笠覆至目,代作丙丁。如上测之,尤便。

第十四题

以四表测远(前题测远诸法,不依极高,不得极远。此法于平地可测极远)

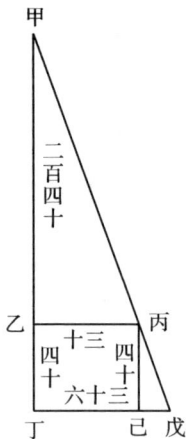

法曰：欲于乙测甲远（或城或山，凡可望见者皆是。不论平否），择于平旷处（前云依地平线者，必依直线取平。此不必拘）立一表于乙。次任却后若干丈尺，更立一表，为丁。令两表与甲（甲者，是所测处指定一物，或人，或木，或山，及楼台之顶皆是）为一直线。次从乙，依乙丁之垂线，任横行若干丈尺，更立一表，为丙。次从丁与乙丙平行，任若干丈尺，稍远于乙丙，又立一表，为戊（四表俱任意长短）。从戊过丙望甲，亦作一直线。次以丁戊、乙丙相减之较为第一数，乙丁为第二数，乙丙为第三数，依法算之，即得甲乙之远。

论曰：试作丙己直线，即得丙己戊与甲乙丙为等角形（六卷四）。何者？甲乙丙、丙己戊两为直角，丙戊己、甲丙乙为平行线同方内外角等（一卷廿九），即余角必等故。则戊己与等丙己之乙丁之比例，若丙乙与乙甲。

注曰：如丁戊为三十六，乙丙为三十，乙丁为四十，即以三十与三十六之较六为第一数，以四十为第二数，以三十为第三数。依法算之，得二百四十为甲乙之远。

第十五题

测高深广远，不用推算而得其度分

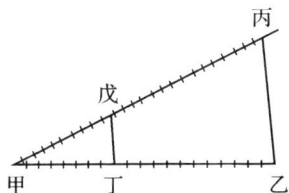

不谙布算，难用前法，其有畸分者更难。今求不用布算，而全数畸分，俱可推得，与布算同功。其法曰：凡测高深广远，必先得三率，而推第四率。三率者：其一，直景或倒景；其二，所立处至所测之底（若不能至者，则景较或两测较）；其三，表或距较也。设如测一高景较八，距较十步，其景较八与表十二之比例，若距较十步，与所求之高（此不论目至足之高）。则于平面作甲乙、甲丙两直线，任相联为甲角，从甲向乙，规取八平分，任意长短以当景较为甲丁，次用元度，从丁向乙，规取十二平分，以当表度。次从甲向丙，规取十平分。其用度与前度任等不等，以当距较。为甲戊,次从戊至丁,作一直线。次从乙作一直线,与戊丁平行,而截甲丙线于丙,次规取自甲至戊诸分内之一分为度,从戊向丙,规得若干分,即所求之高。

论曰:甲乙丙角形内之戊丁与乙丙,两线平行,即甲丁与丁乙之比例,若甲戊与戊丙(六卷二),则戊丙当为十五分。与三数法合,加目至足之高,即得全高。

又法曰:若景较七度有半,距较八步三分步之一,即物高度十三步三分步之二。如后图加目至足之高,即得全高。

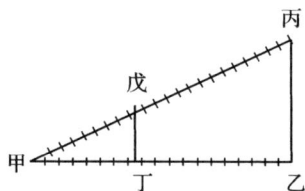

若恒以甲丁为第一数,丁乙为第二数,甲戊为第三数,即恒得戊丙为第四数。

6 附:三数算法

三数算法,即《九章》中异乘同除法也。先定某为第一数,某为第二、第三数,次以第二、第三两数相乘为实,以第一数为法除之,即得所求第四数。

如月行三日,得三十七度。问九日行几何度? 即以三十七度为第二数,九为第三数,相乘得三百三十三数为实,次以三为第一数,为法除之,得一百一十一数,即所求第四月行九日度数。

如有畸分,即用通分、约分法,依上算。如一星行八日三时得十二度二分度之一,问十四日六时,行几何度? 即以八日三时,通作九十九,为第一数。以十二度二分度之一,通作二十五,为第二数。以十四日六时通作一百七十四,为第三数。次以二十五与一百七十四,相乘得四千三百五十为实,以九十九为法除之,得四十三分九十三。次以二分为一度,约得二十一度三十三分度之三十二,即所求第四本星行十四日六时度分之数。

三

泰西水法

1 点校说明

据上海古籍出版社《徐光启著译集》影印北京一六一二年原刻本,封面页署"《泰西水法》,西国熊有纲先生译,北京原板",内页署"泰西熊三拔撰说,吴淞徐光启笔记,武林李之藻订正"。徐光启"笔记",即以中文翻译记录之。另外,内芯首页署"考订校刻姓氏:安邑曹于汴、庐陵彭惟成、上海姚永济、徐州万崇德、泸州张键、平湖刘廷元、华亭张鼐、永年李养志、华亭李凌云、铜仁杨如皋",多是徐光启的友朋、学生、同乡后辈。序文为曹于汴、彭惟成、郑以伟、徐光启所作,原无断句,今重新加以标点。正文原有句读,今亦改为新式标点。

本书的译述,徐光启有始终之功。徐光启认为:"此《泰西水法》,熊先生成利先生之志而传之者也。"(徐光启《泰西水法序》)因徐光启曾请利玛窦介绍欧洲水利学说,利玛窦则介绍同会神父熊三拔帮助从事。此后,耶稣会其他会士也陆续有所贡献,而由熊三拔和徐光启在北京最终完成。据曹于汴《泰西水法序》:"太史玄扈徐公,轸念民隐,于凡农事之可兴,靡不采罗。阅泰西水器及水库之法,精巧奇绝,译为书而传之。"翻译《泰西水法》的工作，"肇议于利君西太，其同侪共终厥志，而器成于熊君有纲"。利玛窦去世后，徐光启从上海赴北京任职，再次要求熊三拔翻译《泰西水法》。熊三拔当时面有"怍色"，深恐"此法盛传天下，后世见视以公输、墨翟"（徐光启《泰西水法序》），被中国士绅误会为匠人。徐光启最终说服了熊三拔，乃有《泰西水法》之译述。对此，熊三拔在《泰西水法·水法本论》中仍加说明："夫百工艺事，非道民之本业。窃嘉诸君子，哀人之深，勉副其意，仍托笔为书，梓而传之。"表明本书的翻译，是应徐光启的强烈要求而作。可见，没有徐光启的推动，《泰西水法》便不克译成。从全书的内容看，《泰西水法》不是一部简单的"西学"译著，按当时的"撰述"方法，书中不但引用了大量中文辞汇，还涉及诸多典章制度。熊三拔毕竟中年来华，中文写作不够熟练。徐光启为此付出大量劳作，故此，彭惟成为本书所作《圣德来远序》说："西洋诸先生之得太史（徐光启）以传也，幸矣哉！"

《泰西水法》初刻于万历四十年（一六一二），后收入《农政全书》第十九、二十卷；李之藻收入《天学初函》"器编"；《四库全书》编修时，收入《子部·农家类》；嘉庆五年（一八〇〇）南沙席氏扫叶山房有刊本。《四库全书总目提要》称赞本书："西洋之学，以测量步算为第一，而奇器次之。奇器之中，水法尤切于民用，视他器之徒矜工巧、为耳目之玩者又殊，固讲水利者所必资也。"

李天纲

二〇一〇年十一月

2 泰西水法序

曹于汴

惟上帝好生，既生人则为之生食。食，出于地，艺于人。人有遗能，地乃有遗利,食乃不足。其不足,恒以旱干。天泽既不可徼,则渠塘溉灌急焉。顾亦罕所讲究,而西北之乡允未闲习。土高泉寡,井有浅深甘碱,大段不得水之用。即有用之者,工力繁浩,不偿所费。然大禹疏治沟洫,必于冀州建都之域不至独遗,今胡以一望冈卤?岂阡陌开后,因仍堕废,遂谓水泉之利若靳于此方田家。终岁悬悬,占云盼雨,雨愆其期,立视苗槁。猥云天实为之,人力无可奈何,枵腹菜面,展转为沟中之瘠而已矣。

太史玄扈徐公,轸念民隐,于凡农事之可兴,靡不采罗。阅泰西水器及水库之法,精巧奇绝,译为书而传之。规制具陈,分秒有度。江河之水,井泉之水,雨雪之水,无不可资为用,用力约而收效广。盖肇议于利君西太,其同侪共终厥志,而器成于熊君有纲。中华之有此法,自今始。

粤稽曩昔盛世,首重民食,而田器亦有司存。《周礼·稻人》,掌稼、蓄水、止水、荡水、均水、舍水、泻水、俱有经画。今也牧民之宰,簿书不遑,过陇亩问桑麻亦未多睹,他何论哉?虽前人树艺之方,载于《月令》诸编,上不倡,下不谙也,食胡以足?窃意冬曹当以此书颂之直省,而方岳之长,宜宣告郡邑仿而行。触类而长,尚何患粒食之难乎?夫士人谈及参赞,逊为圣神,若无敢望涯涘者,不知此类事即赞化育。井田坏而古今分,虽猝不能言,复然崇重农功,固王道之先也。不图于是,而欲睎踪隆古之治,必弗可觊已。且安有尊处民上,坐享民膏,不为民生熟计,忍令其饥以死,此岂天之意也哉?万历壬子岁夏五月望日赐同进士出身吏科都给事中河东曹于汴撰。

3 圣德来远序

彭惟成

圣明在宥,道化淳备。有欧罗巴利先生,偕其国聪慧有学者诸儒彦,航海西洋,修我贡事,至懿美也。两先生历法律吕,巧夺化工,言动周旋,悉程轨物。淡然忘其家而设教，则归于天主。

彭子于辛丑一见，大玄赏之，自以为得尘外镳也。予后供奉凤池，旋入琐闼，转眄十二年。怀人忆旧，欲再见利先生，则拜之北邙矣。低徊悲痛，不能已已，与熊有纲先生依然道故，亦犹之利先生也。予得其日晷，尚难解其测法。又得其取水具，遂命工习之。携工南行，以广高人教泽，摅予凤心。熊先生征予一言，予冗久未相酬，兹于途次忆其《交友论》《二十五言》《畸人篇》等书，如李冢宰、冯宗伯、曹都谏、李工部、徐太史诸公鸣珂清暇，相与讲德，岂非我圣明雍熙之会而至德来远之赐哉？

猗欤盛矣！然予实有以见夫往古来今，宇宙寥廓；怀瑾握瑜，彦圣崇闳。而语水、语海，固未可束于见也。吾辈所见者不及几，蹑以上惟读伏羲、神农、黄帝以来虞、夏、商、周之书，而西洋诸先生则往往无吾之所有，而又有吾之所无。可嘉尚者，彼其多能而不皦皦以智名，好修而不沾沾以学著。以是将进之于汋穆之世，则有其能，有其修；将偕之于声华之场，则又无其能，无其修。朝廷予之官不拜，高准碧瞳，方巾青袍，身为远臣，日给大官之奉。读中原书，习中原语，随人所问，即开心授人。近用廷议，与修历法，先生辈其高人而吾辈其玄赏也已。

昔者圣人观象于乾坤，考度于神明，探命历之去就，省群后之德业。类族辨物，繁有千品。少昊氏都于曲阜，鞮鞻毛人献其羽裘。渠搜之人服禹之德，献其珍裘，毛出五彩。今西洋儒彦觐我文明而来，其人皆学识才艺，何啻一羽裘、珍裘之献乎？吾辈相与邂逅，缅惟畴昔，博物洽闻，吹藜天禄，固已知其所知者，并于西洋儒彦获知其所未知焉。吾未知西洋之所知，犹之乎西洋未知吾之所知也。由是而之焉，极天所际如西洋者，又何可胜数？惟是义理无尽，寥廓无边，超然大观，可以破小，此借资于高人而取精于玄赏，不亦奇乎？彭子曰：奇矣而未为奇也。何也？夫子论"至圣配天"，曰"聪明睿知"，曰"溥博渊泉"，至精微矣。而曰"洋溢中国，施及蛮貊"，则性于天者，中国、蛮貊之所有，即至圣之所有。如水然，随所洋溢，无不同流；如朋友交际然，此有施及，彼即茹受，夫子固已观其所以一而不贰者。籍使蛮貊不与中国一，中国不与至圣一，则眸睫之外即相枘凿，何以曰"洋溢",曰"施及"哉？况熊先生辈津津理窟，彬彬儒生，纵一苇之所如而观光于天朝，其于至圣之妙，当必有所吻合者。吾辈得此雅游，世不常有，史不多书，所谓奇者固自真奇矣。

熊先生之教在天主，即吾辈事天之学，人身喘息呼吸，无一不与天通。造化聚散升沉，无一不与人应。譬如发润则将雨，亦人天合一之证矣。是书成于太史公手，尤邃古，读之恍然忘其为今之人也。因叹天壤间有一奇事，必有习其精微，笔之书以利天下，传于后世者。余恨十载京华，未面太史耳。嗟乎！西洋诸先生之得太史以传也，幸矣哉！万历壬子孟夏日，庐陵彭惟成书于良乡公馆。

4　泰西水法序

郑以伟

此《泰西水法》，熊先生成利先生之志而传之者也。法五种：曰龙尾图，凡五；曰玉衡图，凡四；曰恒升图，凡四；曰水库图，凡三。而终之以药露诸器图，凡一。用以取水，力省而功倍。徐太史子先谱之最悉，一开卷即不必见其具，可按文而匠也。书成，中国不忧传焉。盖开辟以来，修水用者数易矣。标枝之世，掬而饮。亡何蠡焉，盂焉，尊焉，井焉，使掬者视之，不亦最巧也乎？用矣而未广。其后偃鸿井，其田以受润，广矣而未备。又其后阡陌开，而陂池兴雨云，从渠插中出也，备矣而未有机。又其后桔槔出，机矣而井田、陂池亦不可复睹。

古者水土共为一官，统之司空。土行不修，则水利愈巧，巧固生于穷钦？然未有若此之利者，夫田不可复井，何者？必十年始驱民田入之官，必十年始沟官田画之浍。坟庐城郭之阻又亡论，则必废二十余年耕而可。此可几乎意者水田可也。而予郡徐伯继尚宝，一为而颋。故为今之农，仰天不雨,惟取土龙而祝之耳。予家世农,见乡土最垆,浃旬晴,则桔江而之田;浃旬雨,则又决田而之江。遭苦旱,醵钱为车,如碓加轮焉。置筒其表,前轩后轻,与水为无穷。一昼夜度灌二十钟,顾必急流而可,不然则法穷。又山之民绠泉于竹以溉而不费人力,顾必山泉而可,不然则法穷。兹法也而传,即吴越缓流也,亦可。山泉可,即燕齐平芜也,亦可。随俗之便,或用中土法,或用此法,可以佐水车之不及,而前民用所谓巧生于穷,而穷亦因巧而济者耶?人云《考工记》可补《冬官》。予直谓《冬官》未亡,第错于他官如《稻人》潴沟之类。徐太史文既酷似《考工记》,此法即不敢补《冬官》,或可备《稻人》之采,非墨子蜚鸢比也。

利先生为欧罗巴人,偕其侪用宾于朝。甲辰,予识其人于都中,绿瞳虬须,与之言,恂恂有道君子也。予休浣别去,利先生已化,曾为诗以哭之。至壬子复趋朝,则墓草已宿矣。悲怆久之,乃访熊先生,见其家削者,髹者,绹者,则治水具也。彼方日以钱易水而饮,顾切切然思人田之毛泽,又且远臣,此其人岂区区躧顶利所可及哉?永乐时神机火枪法得之交南,嘉靖时刀法、佛狼机鸟嘴炮法得之日本。然金火之用耳,师金火以致利,诎水土而废巧,则为敢于杀人而不敢于养人矣,而可乎?

大都西洋之学,尊天而贵神。其余伎复善历算,精于勾股。予每欲学,而苦不得暇。至其言物理,则愿与之相与质难于无穷,而此不具论。论其水法如此。上饶郑以伟撰。

5 泰西水法序

徐光启

泰西诸君子,以茂德上才利宾于国。其始至也,人人共叹异之。及骤与之言,久与之处,无不意消而中悦服者。其实心、实行、实学,诚信于士大夫也。其谈道也,以践形尽性,钦若上帝为宗。所教戒者,人人可共由一轨于至公至正,而归极于惠迪吉从逆凶之旨,以分趋避之路。

余尝谓:其教必可以补儒易佛,而其绪余更有一种格物穷理之学。凡世间世外、万事万物之理,叩之无不河悬响答,丝分理解。退而思之,穷年累月,愈见其说之必然而不可易也。格物穷理之中,又复旁出一种象数之学。象数之学,大者为历法,为律吕。至其他有形有质之物,有度有数之事,无不赖以为用,用之无不尽巧极妙者。昔与利先生游,尝为我言:薄游数十百国,听见中土土地人民,声名礼乐,实海内冠冕。而其民顾多贫乏,一遇水旱,则有道殣,国计亦诎焉者,何也? 身被主上礼遇隆恩,思得当以报。顾已久谢人间事矣,筋力之用,无所可效。有所闻水法一事,象数之流也,可以言传器写,倘得布在将作,即富国足民。或且岁月见效,私愿以此为主上代天养民之助,特恐羁旅孤踪,有言不信耳。

余尝留意兹事二十余年矣。询诸人人,最多画饼。骤闻若言,则唐子之见故人也。就而请益,辄为余说其大指,悉皆意外奇妙,了非畴昔所及。值余衔恤归,言别则以其友熊先生来谓:"余昨所言水法不获竟之,他日以叩之此公可也。"迄余服阕趋朝,而先生已长逝矣。间以请于熊先生,唯唯者久之。察其心神,殆无吝色也,而顾有怍色。余因私揣焉:无吝色者,诸君子讲学论道所求者,亡非福国庇民,矧兹土苴以为人,岂不视犹敝蓰哉? 有怍色者,深恐此法盛传天下,后世见视以公输、墨翟,即非其数万里东来捐顶踵,冒危难牖世兼善之意耳。辄解之曰:人富而仁义附焉,或东西之通理也。道之精微,拯人之神;事理粗迹,拯人之形。并说之,并传之,以俟知者,不亦可乎?

先圣有言:"备物致用,立成器以为天下利,莫大乎圣人。"器虽形下,而切世用,兹事体不细已。且窥豹者得一斑,相剑者见若狐甲而知钝利。因小识大,智者视之,又何遽非维德之隅也? 先生复唯唯。都下诸公闻而亟赏之,多募巧工,从受其法,器成即又人人亟赏之。余因笔记其说,实不文。然而诸公实存心于济物,以命余,其可辞? 抑六载成言,亦以此竟利先生之志也。梓成,复命余申言其端。夫诸器利益,诸公已深言之,曷赘为？然而有两言焉,尝试虚心揣之:西方诸君子而犹世局中人也,是者种种有用之学,不乃其秘密家珍乎？亟请之,往往无吝色而有怍色,斯足以窥其人矣。抑人情劳则思,佚则忘善。此器也,而为世用,谁则不佚？倘弗思而忘善乎,不乃阶之为厉矣？余愿用兹器者相与共默计之:先生之所为蹙然而色怍也,将无或出于此？万历壬子春月吴淞徐光启序。

6 水法本论

昔者造物主之作天地万物也,如大匠之作宫室器用也。工人造作,必先庀具土木金石,物具而后攻之。所造宫室器用,必也土木金石为之体焉。造物之主,备大全能,能以无为有。其始有之物,为元行。元行四:一曰土,二曰水,三曰气,四曰火。因之以为体而造万物也,非独为体而已。既生之物,不依四行,不能自存;不赖四行,不能自养。如人一身,全赖四行会合所生,会合所成。身中温暖,蒸化食饮,令成血气,是用火行;身中脉络,出入嘘吸,调和内外,是用气行;身中四液,津润脏腑,以及百骸,是用水行;百体五内,受质成形,外资食物、草木血肉,是用土行也。人身若此,万类尽然。因此四行为是世界所须,至切至急,以故造物之主作此四行,遍在世间,至广至足。试观气行,塞满空际,人物有生之类呼吸其中,草木百昌,因缘苗发。又观火行,因缘于日,温暖下济,万物发生,成熟变化。土则承载万生,发育品类。水则遍滋群有,任意斟酌。是此四行随处可得,任物取资,不若珍宝诸类,深藏希有。夫珍宝诸类不切世用,则深藏希有。水、气、火、土,世用至急,则遍满充足。伊谁之力？实本玄功。以是可推生物之初,必有造物之主。其综理筹度,悉由仁爱;裁制多寡,具有权量也。

四行之论,其理甚广,其说甚长,宜有专书备论,今独就水行略言其

绪。夫四行各有本所,水之本所当是海也。海不遍大地,即又作为流泉,
沟洫、江河、川渎,令平地高山遍有之。又不能遍大地为江河,即又作为地
脉旁通潜演。掘地穿井,无不得之。井养之利,足资人用。人力有限,或
燥竭之地,水所不至;高原上地,水脉甚深。物生其间,无由滋润,遂其长
育,即又作为雨露霜雪,用沾溉生养之。于是为海,为川,为井,为雨,皆水
之本所。有生之类,受泽于兹,取之无禁,求之至足矣。主宰之恩犹未既
也,复裨人灵承天制用,于是古先迪哲,作为水器以利天下。或取诸江河,
或取诸井,或取诸雨雪,借以救灾捍患,生物养民。积久弥精,变化日新
焉。嗟夫,深心实理,巧思圆机,谁令人类得与于斯,斯亦造物之全能乎?

学道余暇,偶及兹事,一二见知,谬相赏叹,仍令各制一器。夫百工艺
事,非道民之本业。窃嘉诸君子,哀人之深,勉副其意,仍托笔为书,梓而
传之。倘当世名贤,体天心,立人命,经世务,忧时艰者,赐之菁采,因而裕
民足国,或亦远臣矢心报效之一斑也。万历壬子初夏泰西耶稣会士熊三
拔谨撰。

7 卷之一

用江河之水,为器一种。

～～ 龙尾车记 ～～

龙尾车者,河滨挈水之器也。治田之法,旱则挈江河之水入焉,
潦则挈田间之水出焉。治水之法,浅涸则挈水而入,方舟焉;疏浚则
挈水而出,畚锸焉。不有水之器,不得水之用。三代而上,仅有桔槔。
东汉以来,盛资龙骨。龙骨之制,日灌水田二十亩,以四三人之力,旱

岁倍焉，高地倍焉。驾马牛，则功倍费亦倍焉。溪涧长流而用水，大泽平旷而用风，此不劳人力，自转矣。枝节一蒉，全车悉败焉。然而南土水田，支分栉比，国计民生，于焉是赖。即兹器所在，不为无功已。独其人终岁勤动，尚忧衣食。乃至北土旱灾，赤地千里，欲拯斯患，且有进焉。

今作龙尾车，物省而不烦，用力少而得水多。其大者，一器所出，若决渠焉。累接而上，可使在山，是不忧高田；筑为堤塍而出之，计日可尽，是不忧潦岁与下田；去大川数里数十里，凿渠引之，无论水稻，若诸水生之种，可以必济，即黍稷、菽麦、木棉、蔬菜之属，悉可灌溉，是不忧旱；浚治之功，出水当五分之一，今省十九焉，是不忧疏凿；龙蟠之斗，旱熯之年，上源枯竭，穿渠旁引，多用此器，下流之水，可令复上，是不忧漕也。盖水车之属，其费力也以重。水车之重也，以障水，以帆风，以运旋本身。龙尾者，入水不障水，出水不帆风，其本身无铢两之重，且交缠相发，可以一力转二轮。递互连机，可以一力转数轮。故用一人之力，常得数人之功。又向所言风与水，能败龙尾之车也，在鹤膝斗板。龙尾者，无鹤膝，无斗板，器居水中，环转而已。湍水疾风，弥增其利。故用风水之力，而常得人之功。若有水之地，悉皆用之，窃计人力可以半省，天灾可以半免，岁入可以倍多，财计可以倍足。方于龙骨之类，大略胜之，然而千虑之一，以当起予，可也。智士用之，曲尽其变。不尽方来，或者无烦觊缕焉。

龙尾者，水象也，象水之宛委而上升也。龙尾之物有六：一曰轴。轴者，转之主也，水所由以下而为上也。二曰墙。墙者，以束水也，水所由上也。三曰围。围者，外体也，所以为固抱也。四曰枢。枢者，所以为利转也。五曰轮。轮者，所以受转也。六曰架。架者，所以制高下也，承枢而转轮也。六物者具，斯成器矣。或人焉，或水焉，风马牛焉，巧者运之，不可胜用也。

一曰轴

圜木为轴,长短无定度,视水之浅深,斟酌焉而为之度。二十五分其轴之长,以其二为之径。木之圜,必中规而上下等,以八绳附枭之法,八平分其轴之周,直绳而施之墨。轴之两端,因直绳之两端而施之墨,八绳之交,得轴之心也。以八平分之一分为度,以度八绳之墨,皆平行相等而为之界,以句股求弦之法,两界斜相望而墨为之弦。弦之竟轴而得一螺旋之墨,因螺旋之墨而立之墙,为螺墙,墙之间而得螺旋之沟,为螺沟。螺沟者,水道也。轴得一墨焉,则得一墙焉。一沟焉,水得一道焉。或二之,或三之,四之。以上同于是,多则均,一则专,惟所为之。既墙而围之,既建而迤之而转之,水则自螺旋之孔入也。水之入于螺旋之孔也,水自以为已下也,而不自知其已上也。故曰:轴者,转之主也,水所由以下而为上也。

注曰:圜,与"圆"同,量水浅深者。下文言句四,股三,弦五,则岸高九尺者,轴之长当一丈五尺也。凡作轴,皆度岸高,以三五之法准之。二十五分之二者,如轴长一丈,则径八寸。如本篇第一轴立面图,己丁长一丈,则丁丙之径八寸也。此略言轴欲大耳。若径至三寸以上,不嫌长丈;八寸以上,不嫌长二丈也。轴过小,则水为之不升。八绳附枭者,《周礼》树八尺之枭,县八绳下垂皆附于枭。今轴身作线,大略似之。八平分者,如轴两端图,甲乙丙丁戊圈为轴之周。所分甲乙、乙丙等八分者,平分度也。轴之两端,卧其轴,各作己甲过心线,依法分之,即上下合也。次于轴两端之边,依所分各界,两两相对,各作平行直线。八线附木,皆平直,是为八平分轴之周,如立面图己丁、庚丙诸线是也。次于两端,各作甲己、丁丙诸线,则得轴两端之各庚心也。以八平分之一为度者,谓以甲乙为度,从庚至辛,作庚辛、辛壬等短界线,至丙而止。八线皆如之,各线之短界线,皆平行,皆相等也。墨为之弦者,从庚向癸,依句股法,作庚癸斜弦线。内缠之至子,外缠之至丑,至寅至卯至辰,斜缠轴面,竟轴而止,则得一螺旋线也。单线则为单墙单沟也,若欲为双沟者,则平分庚丑线得午,从午外上向己,内下向未,亦依法作螺旋线也。若作四槽者,又平分庚午于壬,依法作之。欲作三槽六槽九槽者,先分轴为九平分,欲作五槽十槽者,先分轴为十平分,依法作之。

二曰墙

轴之上,因各螺旋之绳而立之墙。墙之法,或编之,或累之,皆涂之。墙之两端,不至于轴之两端。其至也无定度,惟所为之,以枢之短长称之。八分其轴长,以其一为墙之高,可减也,不可加也。墙,其累之也,欲坚而无堕也;其编之也,欲密而平也;其涂之也,欲均而无鳞也。两墙之间,谓之沟。沟,水道也。水行沟中,而墙制之使无下行也。故曰:墙者所以束水也,水所由上也。

注曰:编墙之法,削竹为柱。依螺旋之线而立之。每立一柱,即与轴面之八平分长线为直角。如立柱于本篇一图之午,即柱为垂线,与庚丙长线为直角也,而又与轴两端之丙丁为一直线也,若本篇二图之癸丙是也。削柱欲均,安柱欲正,列柱欲顺,立柱欲齐。既毕,则以绳编之,略如织箔之势。绳以麻,或纻,或菅,或布,或篾,惟所为之。既毕,以沥青和蜡,或和熟桐油,融而涂之。或以生桐油和石灰、瓦灰涂之,或以生漆和石灰、瓦灰涂之。凡沥青加蜡与桐油,取和泽而止,石灰、瓦灰相半,桐油或漆和之,取燥湿得宜而止。累墙之法,取柔木之皮,如桑槿之属,剥取皮,裁令广狭相等,以沥青和蜡,依螺旋之线,层层涂而积之。累毕,如前法涂之。既毕,而两墙之间成螺旋之沟,水从沟行而墙不漏者,是墙之善也。八分之一者,如轴长八尺则墙高一尺。此亦略言高之所至也。一以下,任意作之,故曰可减不可增。一法,若欲为长轴,则墙之高与轴之径等。

三曰围

墙之外,削版而围之,版欲无厚。墙之两端,顺墙柱之势,穿轴而立四柱焉。依墙之高而束之环,围板之端,入于环。围之外,以铁为环而约之。

长者中分围之长,以铁环约之。又长者三分其长,以两环约之。围之版,其相合也。与其合于墙之上也,皆合之以涂墙之齐。围之外,皆涂之以受雨露也。围,其合也欲无罅。围之合于墙也,欲无罅。有围,故水入螺旋之孔而不绝。无罅,故水行于螺旋之沟而不泄。则水旋而上也。故曰:围者外体也,所以为固抱也。

注曰:围之板,量围径之大小与其长,酌全体之重轻而制厚薄焉。其长竟墙,其广一寸以上,视围径之小大增损之。太广而合之,则角见也。其内面稍刳之,以就墙之圆。外面者,围既合而削之。当墙之尽,穿轴为四柱者,所以居环而受围也,如本篇三图之卯寅辰午等是也。环以坚韧之木为四弧,弧各加于环柱之上,合之成环焉。环之下方,或为沟焉,居中以受围板之端。或居外,或居内。为刻而受之如为沟于未,此居中也。为刻于申,此居外也。于酉,居内也。铁环之束,在两端者,与木环相抵,卯午也,戌亢也。或中分约之者,心斗是也。若两中环者,则在尾与箕也。或不用铁环,以绳约之,而涂之齐,与剂同。合以涂墙之剂者,沥青和蜡,或油灰,或漆灰也。若涂围之周者,则漆灰为上,油灰次之。沥青和蜡者,恐不耐暑日也,为下。而欲速成则用之,欲解而时修,则用之。是者暑日架之,则以苫盖之。水入于螺旋之孔者,孔在环之内。轴之外,四柱之中,戌亥角亢之间是也。虽下向必入者,以迤故,水趋于围也。既其出,则在卯寅辰午之间矣。一法,墙之两端以二圆版盖之,开围板之下端而水入之,开上端之圆板而出之。其效同焉。

四曰枢

轴之两端,铁为之枢,当心而立之。枢之用在圜,轮在围若在轴者,皆圜之。轮在上枢,方其上枢之上。轮在下枢,方其下枢之下。方之者,以居轮,立枢欲正,欲直。不正不直者,轻重不伦也。既正既直,轻重均,转之如将自转焉,则虽大而无重也。故曰:枢者所以为利转也。

注曰:当心者,本篇一图之庚心也。枢之大小长短无定度,量全体之轻重,制大小焉。量轮之所在与地之所宜,制短长焉。轮所在者有七,下方详之也。方则止,故可以居轮。正者,当庚之心。直者,与轴端圆面为直角,与轴上八平分线俱为一直线也。求正尚有轴端诸线可凭,求直稍难焉。今立一试法,视一图轴两端诸分线,以规一抵轴端边之乙,一抵枢之顶心为度,次去乙抵戊量之,又去戊抵己量之,皆至于枢之顶心者,即枢直也。如将自转者,戚速之甚也。

五曰轮

轮有七置,轮有三式。七置者,当围之中焉,围之两端焉,轴之两端焉,两枢焉。在围者,夹其围而设之辐。辐之末,周之以辋焉,辋树之齿焉。在轴与枢者,方其处而入之毂,毂树之齿焉。凡轮,皆以他轮之齿发之。其疾徐之数,视轮与他轮之大小焉,其齿之多寡焉。故轮欲密附而少为之齿。轮附而齿少,他轮大而齿多,则其出水也必疾矣。故曰轮者所以为受转也。

注曰:轮有七置者,因地势也,量物力也,相大小而制徐疾也。在围之中者,本篇四图之丁是也。在围之两端者,丙与戊是也。在轴之两端者,乙与己是也。在两枢者,甲与庚是也。若车大而轴长,出水之地高,则在丁矣。若平地受水而用人力、畜力、风力者,当在甲乙丙矣。用水力,当在戊己庚矣。夹围之辐,子丑之类是也。辛者,容围之空也。壬癸,辋也。寅卯之类,齿也。方其处者,轴与枢当受毂之处也。辰,入枢之空也。戊,入轴之空也。午,毂也。酉,赤毂也。未、申、亥、角之类皆齿也。他轮者,或人车,或马牛骡车,或风车,或水车之轮也。此诸车之轮者,非谓其大卧轮也,盖指接轮焉。接轮者,农家所谓“拨子”是也。试言人车,则有卧轴也。卧轴之一端有接轮,卧轴之上有拐木也。今于甲乙丙任置一轮焉,如置在轴之乙轮,即以卧轴之接轮交于乙轮。人践拐木而转之,接轮与乙轮相发也。若马牛骡车及风车,则有卧轴也。卧轴之两端皆有接轮,今以其一交于乙轮,以其一交于彼车之大卧轮,驾畜焉,帆风焉,而转之,接轮与乙轮相发也。若水转之车,则有卧轴也。卧轴之一端有接轮,卧轴之上有立轮。立轮之外,有受水之箄也。今于戊己庚壬置一轮焉,如置在轴之己轮,即以卧轮之接轮交于己轮。水激于箄而卧轴为之转,接轮与己轮相发也。疾徐之数与他轮相视者,如乙己之轮齿十二,人车之接轮齿十二,是拐木一转而得一转也。如枢轮之齿八,而人车之接轮齿十六,是拐木一转而得二转也。人车之接轮齿二十四,是一转而得三转也。若枢轮之齿八,而驾畜帆风之卧轮齿七十二,是一转而得九转也。故曰:轮欲密附,密附则齿为之少。他轮欲大,大则齿多。然而密者过密焉,则力为之不任,大者过大焉则迟。故曰因地势,量物力,相大小而制徐疾焉。今图枢轮之齿八,轴轮十二,围轮十六,约略作之,非定率也。趣欲使两轮之交,疏密相等焉,长短相入焉。相关相发而不滞,则足矣。其小者,欲无用轮,方其枢之末,别为衡。衡之一端入于枢焉,其一端植之柱焉。柱之体圆,又为之掉枝而首为圆孔焉。以掉枝之圆孔,入于柱而转之。若大者而欲无用轮,则以两掉枝同加于柱,两人对执而转之。最大者,两掉枝之末,各为持衡,四人或六人,对持其衡而转之。

六曰架

架者,一上一下,皆为砥柱。或木焉,或石焉,或瓴甋焉。柱之植,欲坚以固也。下柱居水中,以铁为管,施之柱首,迤而上向,以受下枢之末。制管高下,量水之势,令得入于螺沟之下孔而止也。上者居岸,以铁为管,施之柱首,迤而下向,以受上枢之末。若轮与衡,在上枢之末者,则中枢而设之颈。以铁为山口而架枢其上,出其枢之末,以受轮与衡也。制高下之数,以句股为法而轴心为之弦。弦五焉,则句四焉,股三焉。过偃则不高,过高则不升。

　　注曰:瓴甋,砖也。坚者,其本体坚。固者,其立基固也。上柱者,本篇五图之甲乙是也。下柱者,丙丁是也。上管以受上枢,戊也。下管以受下枢,己也。句股法者,一高一下,如四图之亢房线而置之,令上枢之末在亢,下枢之末在房也。三四五者,如上枢之末为亢,至下枢之末为房长一丈,如法置之,则自下枢之末房,依地平作平行线。自上枢之末亢,作垂线,而两线相遇于氐。其亢氐线,必长六尺,氐房线,必长八尺也。若迤建于岸之侧,谓无从作垂线者,则以句股法反用之:以围板为倒弦,别作一尾箕垂线为股。尾为直角,作尾心横线为倒句。若尾箕长一尺五寸,偃仰移就之。令尾心长二尺,即心箕必二尺五寸。而亢房线,必合三四五之句股法也。凡围板长一丈,水高必六尺,求多焉,不可得。相水度地制器者,以此计之。若水过深,岸过高,器不得过长,则累接而上之。累接之法,亦以接轮交而相发也。

8 卷之二

用井泉之水,为器二种。

玉衡车记(专筒车附)

　　玉衡车者,井泉挈水之器也。既远江河,必资井养。井汲之法,多从绠缶。饔飧朝夕,未觉其烦。所见高原之处,用井灌畦,或加辘轳,或借桔槔,似为便矣。乃俯仰尽日,润不终亩。闻三晋最勤,汲井灌田,旱潦之岁,八口之力,昼夜勤动,数亩而止。他方习惰,既见其难,不复问井灌之法。岁旱之苗,立视其槁,饥成已后,非殍则流,吁!可悯矣。今为此器,不施绠缶,非借辘轳,无事桔槔,一人用之,可当数人。若以灌畦,约省夫力五分之四。高地植谷,家有一井,纵令大旱,能救一夫之田。数家共井,亦可无饥饿流亡之患。若资饮食,则童幼一人,足供百家之聚矣。且不须俯仰,无烦提挈。略加干运,其捷若抽。故烟火会集之地,一井之上,尚可活一茕民也。

玉衡者,以衡挈柱。其平如衡,一升一降,井水上出,如趵突焉。玉衡之物有七:一曰双筒。双筒者,水所由代入也。二曰双提。双提者,水所由代升也。三曰壶。壶者,水之总也,水所由续而不绝也。四曰中筒。中筒者,壶水所由上也。五曰盘。盘者,中筒之水所由出也。六曰衡轴。衡轴者,所以挈双提下上之也。七曰架。架者,所以居庶物也。七物者备,斯成器矣。更为之机轮焉,巧者运之,不可胜用也。

注曰:趵突,泉水上出也。

一曰双筒

炼铜或锡为双筒,其圜中规而上下等。半其筒之长,以为之径,下有底。中底而为之圜孔,以其底之半径,为孔之径。筒之旁,齐于底而树之管,管外出而上迤也。管之容,其圜中规管之下端〔抒之以合〕于筒①。开筒之下端,为椭孔,融锡而合之于管。管之上端,亦抒之。既树之,则与筒之边为平行。三分其底之径,以其一为管之径。底之圜孔,为之舌以掩之。舌者方版,方版之旁为之枢。底孔之旁为之纽。枢入于纽,如户焉而开阖之。舌之开阖,与管之孔无相背也。纽居左,则管居右。舌,其合于底也,欲密。管之孔,合于筒之孔,欲利而无罅。枢纽之动也,欲不滞。凡水之入也,必从其底之孔也。有舌焉而开阖之,开之则入,阖之则不出。左开则右阖矣,是左入而右不出也。是恒有一孔焉,入而终无出也。故曰:双筒者,水所由代入也。

注曰:凡径,皆言圆孔也,肉不与焉。如本篇一图,甲至乙、丙至丁是也。半长为径者,径三寸,则筒长六寸。如丁丙广三寸,则甲丁长六寸也。半径为孔者,径三寸,孔径一寸五分。如丁丙三寸,则辛壬一寸五分也。上迤者,斜迤而上,如戊至己、丙至庚也。抒者,斜削之。如戊至丙、己至庚是也。椭,长圆也,欲与戊丙之孔合也。融锡

---

① "抒之以合"原缺,据《四库全书》本补。

合之,小焊也。管之上边,与筒边平行,将以合于壶之下孔也,己庚是也。三分之一者,底径三寸,则管径一寸,未至申之度也。方板者,丑寅卯午是也。枢者,卯辰午是也。纽者,癸子是也。舌,如橐籥之舌,以枢合纽,令丑卯之板恒加于辛壬孔之上,向丙而开阖之也。

二曰双提

旋坚木以为砧,其圆中规而上下等。曷知其中规而上下等也?砧之大,入于双筒也,欲其密切而无滞也。展转之,上下之,犹是也,斯之谓中规而上下等。当砧之心而立之柱,三分其砧之径,以其一为柱之径。柱之短长无定度,以水之深也,井之高也,斟酌焉而为之度。柱之上端,为之方枘而入于衡。凡水之入也,入于双筒之孔也。孔有舌焉,砧升则舌开,而水为之入;砧降则舌合,而水为之不出。水之入而不出者,舌也。舌之开阖者,砧也。砧之上下者,柱也。舌阖矣,水不出矣。砧又下焉,水将安之,则由筒之管,而升于壶,左右相禅也。故曰:双提者,水所由代升也。

  注曰:砧形如截篠,本篇一图酉戌亥角是也。其高不言度者,趣其入于筒也,不转侧动摇而已矣。若为鼎足之柱以固之,即无厚可也。三分之一者,砧径三寸,则柱径一寸。如酉角三寸,则亢氐一寸也。凡双筒入井,近下则水浊,近上则水竭。故柱之短长,宜量水深与井高也。枘,笋也。当房心之上,刻而方之为尾箕是也。

三曰壶

炼铜以为壶。壶之容,半加于双筒之容。其形椭圆,腹广而上下弇之。弇之度,视广之度。杀其十之二,当其弇而设之盖。壶之底,为椭圆之长径,设二孔焉,皆在其径。孔之椭圆,其大小也与管之上端等,融锡而合之。壶之两孔,各为之舌而掩之。舌之制,如筒中之舌也。壶之内,当两孔之中而设之纽。两舌之枢,悉系焉。而开阖之,左右相禅也。当盖之中,为圆孔焉,而合于中筒。盖之合于壶也,欲其无罅也。既成,以铁为双环而交缠束之。当其合而锢之以锡,以备缮治。夫水之入于管也,左右禅也,而终无出也。水从管入者,以提柱之逼之也,则上冲,而壶之舌为之开,以入于壶。水势尽,而彼舌开,则此阖矣。是代入于壶也,而终无出也。其代入也,壶为之恒满而上溢。其终无出也,而有筒之容,以俟其底之入也。故曰:壶者,水之总也,水所由续而不绝也。

注曰:半加容者,如之又加半焉。如双筒共容四升,则壶容六升也。弇,敛也。腹广而上下弇,如本篇二图甲乙丙丁形是也。盖者,戊己、庚辛也。椭圆之长径,底图之乙丙是也。二孔者,未申也,酉戌也,皆在其径者。二孔之心,在乙丙线之上也。二孔椭圆者,如酉戌短,乾亥长,以合于一图之未申己庚也。二舌者,寅卯也,辰午也。纽者,子丑也。以枢合纽,令寅卯之板,恒加于未申孔之上,向丙而开阖之也。辰午加于酉戌,亦如之。左右相禅也。盖之圆孔,庚辛是也。盖合于壶者,己戊加于甲丁也。双环缠束者,本篇三图之角亢氐房是也。既锢之,又束之者,水力大而易渫也。

四曰中筒

炼铜或锡以为中筒。中筒之径,与长筒旁管之径等。中筒之下端,为敞口以关于盖上之孔,融锡而合之。其长无定度,量水之出于井也,斟酌焉而为之度。或铜锡之中筒,裁数寸,其上以竹木焉续之。竹木之筒之径,必与下筒之径等。其上出之径,宁缩也,无赢也。水之入于壶也,代入也。而终无出也,则无所复之也,必由中筒而上。故曰:中筒者,壶水所由上也。

注曰:中筒者,本篇三图之坎艮、庚辛是也。上出之径,必缩于下合之径者,所以为出水之势也。

五曰盘

炼铜或锡以为盘。中盘之底而为之孔,以当中筒之上端,融锡而合之。盘底之旁,为之孔而植之管,管外出而下迤也。盘之容,与壶之容等。管之径,与中筒之径等。管之长无定度,其下迤也,及于索水之处也。中筒之水,其上溢也,盘畜之,管泄之。故曰:盘者,中筒之水所由出也。

注曰:本篇四图之甲乙丙丁,盘也。丙丁为孔,以合于中筒之上端。上端者,三图之坎艮也。底旁之孔者,戊己也。下迤者,己庚也。

六曰衡轴

直木为衡。衡之长,无过井之径。双提之柱,其相去也,视双筒。双提之上枘,入于衡之两端。其相去也,视双提。直木为轴。轴长于衡而无定度。圜其尾,去首二尺,而圜其颈。当颈尾之中而设之凿,当衡之中而设之枘。衡,衡也;轴,纵也。凿枘而合之,欲其固也。轴展侧焉,衡低昂焉,提上下焉,左右相禅也。故曰:衡轴者,所以挈双提下上之也。

注曰:衡之长,本篇四图之壬辛是也。枘入于衡者,子丑是也。轴之长,卯午是也。卯尾、午首、辰颈也。衡轴凿枘之合,寅是也。凿,孔也。衡横轴纵,卯辰子丑之交加也。

七曰架

井之两旁,为之柱。或石焉,或瓴甋焉,或木焉。柱之上端,为山口。山口者,容轴之圜也,以利转也。轴之首,设之小衡,与衡平行也。长二尺,或三尺。小衡之两端,设二木而三合之。如句股,以小衡为弦。句股之交立之柄,持其柄而摇之以转轴也。水之中,穿井之胁,而设之梁,横亘焉。梁之上,为二陷,以居双筒之底,欲其固也。中其陷而设之孔,稍大于双筒之底孔,水所从入也。梁居水中,其木必榆。榆,为木也无味,水不受之变。梁在其下,柱在其上,车所由孔安而利用也。故曰:架者,所以居庶物也。

注曰:本篇四图之卯亥也,辰乾也,柱也。当辰卯为山口者,以容轴之圆也。小衡者,申未也。三合者,未申酉为三角形也。酉戌,柄也。立之柄者,立柄于酉。戌酉未为直角也。坎艮,梁也。角亢氐房,陷也。心、尾,陷中孔也。

若欲为专筒之车,则为专筒专柱,而入之中筒,如恒升之法而架之,而升降之。其得水也,当玉衡之半,井狭则为之。

注曰:专,一也。架法见《恒升篇》。

恒升车记（双升车附）

恒升车者,井泉挈水之器也。其用与玉衡相似而更速焉,更易焉。以之灌畦治田,致为利益矣。若为之复井,井之庭,为窦而通之。以大井潴水,以小井为筒而出之,则无用筒也。若江河泉涧,索水之处过高,龙尾之力有不能至,则用是车焉。挈水以升,架槽而灌之,或迤而建之以当龙尾。

恒升者,从下入而不出也,从上出而不息也。恒升之物有四:一曰筒。筒者,水所由入也,所以束水而上也。二曰提柱。提柱者,水所由恒升也。三曰衡轴。衡轴者,所以挈提柱上下之也。四曰架。架者,所以居庶物也。四物者备,斯成器矣。更为之机轮焉,巧者运之,不可胜用也。

一曰筒

刳木以为筒。筒之长无定度,下端所至,居水之中。已上则易竭,已下则易浊。上端所至,出井之上,度及于索水之处而止。筒之径无定度,因井之大小、索水之多寡,斟酌焉而为之度。筒之容,任圜与方。其圜中规,其方中矩,而上下等。筒之周,以铁环约之。环无定数,视筒短长,斟酌焉而为之数。筒之下端,为之底,欲其密而无漏也。中底而为之孔,孔之方圜,反其筒。若圜筒而方孔,七分底之径,以其四为孔之径。若方筒而圜孔,七分底之径,以其五为孔之径。孔之上,象孔之方圜,为之舌而掩之,如玉衡之双筒。掩之,欲其密而无漏也。开阖之,欲其无滞也。筒之上端为之管,管外出而下迤也,本广而末狭也,水从孔入焉。既入,而提柱之势能以舌掩之,既掩而提之,提之则从管而出也。故曰:筒者,水所由入也,所以束水而上也。

注曰:玉衡之双筒,与中筒为二,此则合之。筒入于井,量井浅深、筒长短而置之。近上,趣恒得水而止;近下,趣无受浊而止,与玉衡同也。圆筒,用竹尤简。用木,则方筒为易焉。如本篇一图,甲乙丙丁,圆筒也。丙丁,其底也。戊已,底方孔也。庚辛壬癸,方筒也。壬癸,其底也。子丑,底圜孔也。寅,方舌也。酉,圜舌也。甲卯、辛卯,管也。辰午、未申之属,环也。环之多寡疏密,趣不漏而止。余见《玉衡篇》。

二曰提柱

炼铜以为砧,圜者中规,方者中矩。砧之大,入于筒也,欲其密切而无滞也。展转之,上下之,犹是也。当砧之心而设之孔。孔之方圜、孔之径,皆与筒底之孔等。孔之上,为之舌以掩之。舌之制,如筒底之舌也。直木以为柱,柱有二式,一用长,一用短。用长者为实取之柱,用短者为虚取之柱。实取之柱,其砧入于水而升降焉。其长之度,下及于筒之底,上出于筒之口。其出于筒之口无定度,趣及于衡而止。虚取之柱,无用长,入筒数尺而止,升降于无水之处,以气取之。欲挈之,先注水于砧之上。高数寸,以闭其罅而嗋之。凡井浅者实取焉,井深者虚取焉。五分其筒之径,以其一为柱之径,砧之合于柱也。炼铜或铁为四足,隅立于方砧之四维,方孔之四旁,而皆上聚之。聚之度,趣不害于舌之开阖而止,以其聚合于柱之下端,合之欲其固也。砧之厚,以其枝于隅足也,可无厚。既合而入于筒,砧降而底之舌为之掩,砧升则开之。开之则水入,掩之则水不出。一升一降,是水恒入而不出也。既入之水而砧降焉,则无复之也,则上衡于舌而入于砧之孔。砧升而砧之舌为之掩。一升一降,是水恒入而不出也。两入而不出,则溢于筒而出。常如是,虚者、实者,同于是。故曰:提柱者,水所由恒升也。

  注曰:玉衡之提柱,与壶之孔之舌为二,此则合之。又玉衡之水皆实取,此有虚取之法焉,气法也。凡砧之入于筒,求密切而无滞也。求密切之法,成砧而入之,能无漏者,国工也。不能无漏者,稍弱其砧之径,以毡罽之属、皮革之属,附于砧之四周焉。附之法:若砧厚者,稍刽其周之上下,如鼓木。当其刽而刻为陷环,既附而坚束之;砧薄者,则为两重之砧,夹其毡或革,以隅足贯之而埶之。柱,如本篇二图之甲乙是也。四足者,丙丁戊酉也。砧者,己庚辛壬也。砧之孔,癸子也。其舌,丑寅也。砧可无厚,无厚则轻。余见《玉衡篇》。

三曰衡

直木以为衡。衡之长无定度,量筒之大小,水之浅深多寡焉。长则轻。衡之两端,皆缀之石以为重,其两重等。五分其衡,二在前,三在后,而设之凿,直木以为轴。轴之长无定度,圜其两端,中分其长而设之枘。衡衡也,轴纵也。凿枘而合之,欲其固也。轴之两端,各为山口之木而架之。中分其衡之前而缀之提柱。缀之,欲其密切而利转也。抑其后重,而提柱为之升;扬其后重,则前重降,而提柱随之也,提柱之降也。实取者,挹水而升于砧也。其升也则下入于筒而上出于筒也。虚取者,降而得气焉,气尽而水继之。故曰:衡者,所以挈提柱上下之也。

　　注曰:气尽而水继之者。天地之间,悉无空际。气水二行之交无间也,是谓气法,是谓水理。凡用水之术,率此一语为之本领焉。本篇三图之甲乙,衡也。丙丁,两石重也。戊己,衡也。子,衡轴之交也。庚辛、壬癸,山口之木也。寅,提柱也,缀之于丑。卯辰,筒上端也。午,管也。余见《玉衡篇》。

四曰架

木为井干,以持筒,持之欲其固也。筒之下端,为盘以承之。盘与筒,合之欲其固也。中盘而为之孔,孔之径稍强于筒底之孔之径。盘之下,为鼎足而置之井底。

　　注曰:本篇四图之卯未辰午,井干也。加于地平之上,申戌酉亥之间,为正方之空,夹筒而持之。丁戊,井面地平也。己庚,井底也。辛壬癸,盘也。辛子、壬丑、癸寅,盘足也。

若欲为双升之车,则双筒焉。如玉衡之法而架之,而升降之,此升则彼降,用力一而得水二也。是倍利于恒升也,尤宜于江河。

　　注曰:力一水二者,一升一降,各得水一焉。无虚用力也。恒升者,一升一降,而得水一也。架法见《玉衡篇》。

9　卷之三

用雨雪之水,为法一种。

～～　水库记　～～

　　水库者,积水之处也。泽国下地,水之所都。平原易野,厥田中中。引河凿井,斯足用焉。若乃重山复岭,陡涧迅流,乘水之急,激而自上,废人用器,厥利尤大矣。别有天府全城,居高乘险,江河溪涧,境绝路殊。凿井百寻,盈车载绠。时逢亢旱,涓滴如珠。或乃绝徼孤悬,恒须远汲。长围久困,人马乏绝。若斯之类,世多有之。临渴为谋,岂有及哉?计莫如恒储雨雪之水,可以御穷。而人情狃近,未或先虑。及其已至,坐槁而已。亦有依山掘地,造作塘池,以为旱备。而弥旬不雨,已成龟坼,徒伤挹注之易穷,不悟渗漏之实多矣。西方诸国因山为城者,其人积水,有如积谷。谷防红腐,水防漏渫,其为计虑,亦略同之。以故作为水库,率令家有三年之蓄,虽遭大旱,遇强敌,莫我难焉。又上方之水,比于地中;陈久之水,方于新汲。其蠲烦去疾,益人利物,往往胜之。彼山城之人,遇江河井泉之水,犹鄙不肯尝也。今以所闻造作法著于篇,请先谂之秦晋诸君子焉。

水库者,水池也。曰库者,固之其下,使无受渫也;幂之其上,使无受损也。四行之性,土为至干,甚于火矣。水居地中,风过损焉,日过损焉。

夏之日，大旱，金石流，土山焦，而水独存乎？故固之，故幂之。水库之事有九：一曰具。具者，庀其物也。二曰齐，齐所以为之和也。三曰凿，凿所以为之容也。四曰筑，筑所以为之地也。五曰涂，涂所以为之固守也。六曰盖，盖所以为之幂覆也。七曰注，注所以为之积也。八曰挹，挹所以受其用也。九曰修，修所以为之弥缝其阙也。

　　注曰：幂防耗损，亦防不洁。古人井故有幂。《易》曰："井收勿幕。"齐，与"剂"同。

一曰具

　　水库之物有六，以备筑也，盖也，涂也。筑与盖之物有三：曰方石，曰瓴甋，曰石卵。涂之物有三：曰石灰，曰砂，曰瓦屑。涂之物三合，谓之三和之灰。或砂或瓦，去一焉，谓之二和之灰。炼灰之石，或青或白，欲密理而色润，否者疏而不昵。炼之以薪，或石炭焉，火不绝二日有半而后足。试之法，先取一石权之，杂众石而炼之。既成而出之，权之，损其初三分之一，此石质美而火齐得也。砂有三种，或取之湖，或取之地，或取之海。海为上，地次之，湖又次之。砂有三色，赤为上，黑次之，白又次之。辨砂之法有三：揉之其声楚楚焉，纯砂也。谛视之，各有廉隅圭角，纯砂也。散之布帛之上，抖擞之，悉去之，不留尘坌者，纯砂也。否则有土杂焉，以为齐则不固。瓦之屑，以出陶之毁瓦瓴甋，铁石之杵臼舂之而筛之，无新焉而用其旧者，水濯之，日暴之，极干而后舂之而筛之。筛之为三等：细与石灰同体为细屑；稍大焉与砂同体，为中屑；再筛之余，其大者如菽，为查。

　　注曰：方石瓴甋者，以预为墙为盖。二物皆无定度也。为墙之石，取正方焉。广狭、短长、厚薄，无定度。墙厚则坚，坚则久。为盖者，或穹之。穹之石，合之其圆半规。穹之法有三，详见下方也。石卵者，鹅卵之石也，以预为底也。无之，以小石代之。大者无过一斤，小者任杂焉。凡石卵，或小石，欲坚润而密理，否者不固。昵，黏也。二日有半，三十时足也。陶，窑灶也。瓴甋，砖也。凡瓦之土，胜砖之土。用砖，则谨择之。筛，俗作筛，罗也。查，滓也。查无用筛，择其过大者去之。三和之灰，今匠者多用之。其一则土也，用土不坚，以瓦屑，故胜之。以后法为之剂，又胜之。西国别有一物，似土非土，似石非石，生于地中。掘取之，大者如弹丸，小者如菽。色黄黑，孔窍周通，状如蛀窠，俨然石也。而体质甚轻，揉之成粉，舂以代砂，或代瓦屑。灰汁在其空中，委宛相入，坚凝之后，逾于钢铁。近数十年前，有发故水道者，启土之后，锹镢不入，百计无所施。既而穴其下方，乃坏堕焉。视其髹涂之灰，用是物也，厚半寸许耳。此道由来甚久，以历年计之，在汉武之世矣。后此凡用和灰，甚贵是物焉。或作室模，和灰涂之，崇闳窈窕，惟意所为。既成之后，绝胜冶铜铸铁矣。然所在不乏，计秦、晋、陇、蜀诸高阳之地，必多有之。其形大段如浮石，而颗细，色赤黄，质脆，为异耳。以《本草》质之，殆土殷孽之类也。其生在干燥之处，土作硫黄气者，或产硫黄者，或近温泉者，火石者，火井者，或地中时出磷火者，即有之。求之法：视其处草不蕃盛，茸茸短瘠，又浅草之中，忽有少分，如斗许，如席许大，不生寸草者，依此掘地数尺，当可得也。西国名为巴初剌那，求得之，大利于土石之工。或并无瓦屑及砂，以青白石末代之。其细大之等，与瓦屑同。

二曰齐

凡齐，以斗斛概其物，水和之。三分其凡而灰居一，砂居二。涑之如糜，谓之髹齐。三分其髹齐，加水一焉而调之，谓之筑齐。涂之齐有三，涑之皆如糜。四分其凡而瓦查居二，砂居一，灰居一，谓之初齐。三分其凡而中屑居二，灰居一，谓之中齐。五分其凡而细屑居三，灰居二，谓之末齐。凡涑齐，熟之又熟，无亟于用，无惜于力，日再涑，五日而成，为新齐。新齐积之，恒以水润之。下湿之处，窖藏而土封之，久而益良。

  注曰：凡量灰，必出窑之灰。凡量瓦屑，必出臼之屑。凡量砂，必日暴之砂。皆言干也。如糜者，今匠人所用髹墙涂墙，挑而概之之剂也。太燥则不附，太湿则不居。加水为筑剂，则如稀糜，沃而灌之之剂也。凡治宫室，筑城垣，造圹域，皆以诸剂斟酌用之。和之水，以泉水、江水、雨水。杂卤与碱,勿用也。雪水之新者勿用也。凡,总数也。

三曰凿

池有二:曰家池,曰野池。家以共家,野以共野。共家者,饮馔焉,澡涤焉。共野者,畜牧焉,溉灌焉。为家池,计众溜而曲聚之,承而钟之。为野池,计冈阜、原田、水道之委而聚之,而钟之。为家池,必二以上,代积焉,代用焉。为野池,专可也,随积而用之。皆计岁用之数而为之容。积二年以上者,递倍之,或倍其容,或倍其处。为家池,平其底。中底而为之坎,坎深二尺,以渟其垢。三分其底之径,以其一为坎之径。墙方则称,圆则固。大者圜之,小者方之。大者圜而方者小,则不畏深也。墙之周,或壁立,或下侈而上弇之。侈弇之数无定度,虽为之土囊之口可也。若上侈而下弇,则寡容也。中侈而上下弇,则难为墙也,无所取之。或为之复池,限之以墙,中墙而为之窦,以通之。小者蓺之,大者闸之,互输写之,可抒清而去浊也,代积而代用也。若山麓、原田、陂陁之地,则为壶漏之池,高下相承,互输写之。为野池,利浅,以群饮六畜,以溉田。方其墙,迆其一面以为涂。欲为深者,迆其底,渐深之,无坎。为野池,择碈确之地,不宜稼而水辏焉者可也,是化无用为有用也。

　　注曰:共,与供同。溜,檐沟也。容者,通高下广狭所容受多寡之数也。度池尺寸,计容多寡,用盘量仓窖术,在《九章算术》之《粟米篇》。专,独也。递倍者,二年则二倍,三年则三倍也。倍容者,倍其大。倍处者,倍其多也。倍大法,亦用立方、立圆术,酌量作之,在《九章算术》之《少广篇》。方则称者,或称其室,或称其庭,两方相称也。方墙而大,懅或堕焉。圆如井周,相恃为固。上弇不堕,亦此理也。侈,广;弇,敛。如本篇一图之甲乙丙丁,方池也;辛壬癸子,圆池也。二形之外,或有为长方者,方之属也;有六角、八角以上诸角形者,圆之属也。惟所为之,未暇详也。戊己、丑寅,底坎也。乙庚、辛壬,壁立之墙也。卯辰午未、戌房氐亢,上弇之池也。卯未、戌角,土囊之口也。复池，两池并也。墙之窦，多寡、大小、高下，任意作之。槷，木杙也。凡闸与槷，或旁渫者，附之以暖木之皮而塞之。壶漏之池者，从上而下，位置如刻漏之壶，其开窦输写，亦若漏水相承也。如本篇二图之甲乙，复池也。丙丁，限墙也。午、壬、申，窦也。戊己、庚辛，壶漏之复池也。壬，其窦也。癸子、丑寅、卯辰，壶漏之三复池也。酉与戌，皆其窦也。三以上，任意作之。其连接之处，如庚至己，丑至子，浅深高下，亦任意作之。迆之以为涂，令人畜皆迤迤而下，恒及水际也。凡冈阜之下，山陵之麓，其地沥脂，故不宜稼。其势建瓴，水则辏之。牲降于阿，取饮既便，挈以灌田，趋下易达也。

四曰筑

筑有二：下筑底，旁筑墙。筑底者，既作池，平其底，则以木杵杵之，或以石砧砧之。杵之，砧之，欲其坚也。依池之周而为之墙，或方石焉，或瓴甋焉。墍之以墍齐之灰，墍必乘其界。墙，量池之小大、浅深而为之厚，不厌厚。若复池，则为共池而中墍其限墙，仍墍为行水之窦。壶漏之复池，则各为池而穿行水之窦也。墙毕，以鹅卵之石或小石，垫之其底，厚五寸以上，不厌厚。既垫之，复杵之，或砧之，不厌坚。无惜其力，亦欲其平也。既坚既平，以筑齐之灰灌之。又灌之，满焉，实焉，平焉，浮于石而止。复杵之，或砧之，有隙焉，复灌之，满实平而止。中底之坎亦杵之，亦墙之，亦垫之而灌之，如法作之。凡底与墙之交，砧杵或不及焉，则以边杵筑之。其垫与灌，必谨察之而加功焉。壶漏之窦，居水之衡，必谨察之而加功焉。凡墙，皆以方长之石为之缘。若遇大石焉而凿之池，以石为之底与墙与缘，径涂。有阙焉而为之缝，亦杵之，而墙之，而缘之，而垫之，而灌之，如法作之。野池，或土或石，皆如之。

　　注曰：乘界，俗言骑缝也。缘，池面压口也。缝，补也。本篇三图之甲、乙、丙，木杵也。丁，边杵也。戊，石砧也。己辛、己庚，墍墙也。庚辛，石垫也。本篇二图之甲乙，即共池也。以意度之，江海之滨，平原易野，土疏善坏，必以墍墙。处于山者，如秦如晋，厥土骍刚，陶复陶穴,壁立不堕。若斯之处,掘地为池,虽无甃墙,而径涂之,不亦可乎?同志者请尝试之。

五曰涂

筑毕,候池之底既干其十之八,扫除之。过干,则水沃之而后涂之。涂之先以初齐,厚五分。池大者,加二分之一。池之底及周,连涂之。连涂之,则周与底之交无罅也。涂毕,以木击击之,欲其平以实也。次日又击之。有罅焉,以铁概概之。干则以水沃而概之,无罅而止。三日以后皆如之。俟其干十分之六,而涂之中齐。中齐之厚,减其初二分之一,亦击之概之,次日以后皆如之。候其干十分之六而涂之末齐,末齐之厚,减其次二分之一,亦击之概之。次日以后皆如之。候其干十分之五,以铁概摩之。有罅焉,以水沃而摩之。周与底中坎之周与底,复池之水窦,皆同之。凡周与底之交若窦,必谨察之而加功焉。凡涂瓴甋之墙,或燥而不眠,以石灰之水遍洒之。作垩色,干而后涂之则眠。凡涂石池与土池,野池与家池,皆同法。凡击,欲其坚如石也。摩,欲其密如脂也,欲其莹如镜也。坚密以莹,更千万年不渜也。

注曰:本篇四图之甲,木击也。乙,铁概也。凡三和之灰,无所不可用。欲厚,则四涂之,五涂之,任意加之。四涂者,初一、中二、末一。五涂者,初一、中三、末一。末涂以饰宫室之墙欲令光润者,以鸡子清或桐油和之,如法击摩之。欲设色,以所用色代瓦屑而和之。石色为上,草木为下。

六曰盖

家池之盖有二:曰平之,曰穹之。平有二:曰石版,曰木版。皆平而幂之,为之孔以出入水。穹有三:曰券穹,曰斗穹,曰盖穹。方池皆券穹,正方者或为斗穹,圜池之属皆盖穹。券穹者,形覆券也。又如截竹,析其半而覆之,两和为之立墙。斗穹者,形覆斗也。方其隅,而四墙之趋其顶也皆以圜。盖穹者,其形盖也,中高而旁周皆下垂。凡穹之空皆半规,皆去缘尺而甃之。甃之法,皆架木以为模,缘而成之。甃以石,则治之以趋规。若瓴甋,亦以趋规之模造之。无之,则以甃齐加损而合之。穹之下,为之窦以出入水。在野者,或穹之,不则苫之,或露之。

注曰:平盖出入之孔有二。一居中,当底坎之上,以挹其渟污也。一近池之缘,注水入之,挈水出之,大小皆无定度也。本篇四图之丙丁戊己庚,券穹也。丁戊、戊己,方池两缘也。丁丙戊,和墙也。丙庚,穹背也。辛壬癸子丑,斗穹也。辛壬癸丑,方池缘也。子,穹顶也。依丑辛直线为墙,渐狭而上以趋子。其丑子、辛子皆圆线,余三同之,而结于子也。寅卯辰午未,盖穹也。寅卯未辰,圆池缘也。午,穹顶也。旁周趋上,皆为圆线,其全空,正如立圆之半也。空皆半规者,谓丁丙戊、丑子壬、未午寅,皆半圜形也,如是则固。去缘尺者,池口为道,将跨池以居梁也。趋规之势,今工人谓之橘房形也。

七曰注

凡家池,以竹木为承溜,展转达之。其将入于池也,为之露池,迎辐辏之水,暂积焉,以渟其滓,既淀而后输之。露池之缘,为窦焉以入于池。露池之底,为窦焉。而他渫之,皆以闸,或以蓻而节宣之。凡雨之初零也,必有滓也,长夏之雨也,必有酷热之气,则启其下窦而池渫焉。度可入也者,塞之,启其上窦而输之。若水之来与地平,不能为下窦者,则淀其滓,以时出之。为新池,候干极而注之,新注之水不食也。既浃月,更注之而后食之。为二池者,岁食经年之水;为三池者,岁食三年之水。是恒得陈水焉,水陈者良。若为复池者,既注之,澄而后启中墙之窦而输之空池,复注之,如是更积之,是恒得澄水焉。凡池,既盈而闭之,则畜之金鱼数头,是食水虫。或鲫鱼,是食水垢。野池,注之山原之水,遂以畜诸鱼可也。鱼之性,有与牛羊相长者也。

注曰:淀,下凝也。露池,不幂也。如本篇五图之甲乙丙,露池也。丁,上窦也。戊,下窦也。新注不食,灰气入焉,味恶也。鱼与牛羊相长者,如鱣食羊豕之恶而肥,鲢食鱣之恶而肥也。

八曰挹

家池之水深，其挈之则以龙尾之车。更深者，为之玉衡之车。恒升之车，无立其足，则以大石为坠，关巨木而置之；无夹其筒，则跨池为梁而置之。既出而为槽以达之，若挈瓶施繘焉，亦从其梁。中底之坎既淀焉，为噏筒以去其淀。噏筒者，截竹而通其节，或卷铜锡焉。两端塞之，中底而为之孔。孔之径，当底三分之一。上端之旁为之孔，无过三分，一指可掩也。掩其上孔而入之，水至于底而启之，则自下孔入者皆淀也。既盈，掩而出之而倾之，如是数入焉，淀尽而止。凡施筒，亦从其梁。野池之灌畦若田也，亦以三车挈之。置车亦如之。池大者，无跨其梁，则跨之隅。

注曰：足，谓龙尾之下枢也。玉衡之双筒，恒升之筒底也。筒者，玉衡之中筒，恒升之筒上端也。繘，汲井绳也。本篇五图之己庚辛，石关巨木也。壬癸，梁也。子丑，噏筒也。寅，噏筒之底孔也。卯，旁孔也。未申，梁跨其隅也。

九曰修

池无新故，或溇焉。修之，则用细润之石，舂之筛之，与灰同体，亦与同量，煮水百沸而投之，和之。日干之，复舂之筛之，煮水投之，如是四焉。舂而筛之，牛乳汁和之，以涂其隙，或以生漆和而涂之。

注曰：同体，等细也。同量，等分也。

10　卷之四

〜 水法附余 〜

高地作井,未审泉源所在,其求之法有四。

第一气试

当夜水气恒上腾,日出即止。今欲知此地水脉安在,宜掘一地窖。于天明辨色时,人入窖,以目切地。望地面,有气如烟,腾腾上出者,水气也。气所出处,水脉在其下。

第二盘试

望气之法,旷野则可。城邑之中,室居之侧,气不可见。宜掘地深三尺,广长任意,用铜锡盘一具,清油微微遍擦之。窖底用木高一二寸,以搘盘,偃置之。盘上干草盖之,草上土盖之。越一日,开视盘底,有水欲滴者,其下则泉也。

第三缶试

又法:近陶家之处,取瓶缶坯子一具,如前铜盘法用之。有水气沁入瓶缶者,其下泉也。无陶之处,以土甓代之,或用羊绒代之。羊绒者不受湿,得水气,必足见也。

第四火试

又法：掘地如前，篝火其底。烟气上升，蜿蜒曲折者，是水气所滞，其下则泉也。直上者否。

凿井之法有五。

第一择地

凿井之处，山麓为上。蒙泉所出，阴阳适宜。园林室屋所在，向阳之地次之，旷野又次之。山腰者，居阳则太热，居阴则太寒，为下。凿井者，察泉水之有无，斟酌避就之。

第二量浅深

井与江河，地脉通贯。其水浅深，尺度必等。今问凿井应深几何？宜度天时旱涝，河水所至，酌量加深几何，而为之度。去江河远者不论。

第三避震气

地中之脉，条理相通，有气伏行焉，强而密理。中人者，九窍俱塞，迷闷而死。凡山乡高亢之地多有之，泽国鲜焉。此地震之所由也，故曰震气。凡凿井遇此，觉有气飒飒侵人，急起避之。俟泄尽，更下凿之。欲候知气尽者，缒灯火下视之。火不灭，是气尽也。

第四察泉脉

凡掘井及泉，视水所从来而辨其土色。若赤埴土，其水味恶。赤埴，黏土也，中为甓为瓦者是。若散沙土，水味稍淡。若黑坟土，其水良。黑坟者，色黑稍黏也。若沙中带细石子者，其水最良。

第五澄水

作井底,用木为下,砖次之,石次之,铅为上。既作底,更加细石子,厚一二尺,能令水清而味美。若井大者,于中置金鱼或鲫鱼数头,能令水味美。鱼食水虫及土垢故。

试水美恶,辨水高下,其法有五。凡江、河、井、泉、雨、雪之水,试法并同。

第一煮试

取清水置净器煮熟,倾入白磁器中。候澄清,下有沙土者,此水质恶也。水之良者无滓。又水之良者,以煮物则易熟。

第二日试

清水置白磁器中向日下,令日光正射水。视日光中,若有尘埃缊缊如游气者,此水质恶也。水之良者,其澄澈底。

第三味试

水,元行也。元行无味,无味者真水。凡味皆从外合之,故试水以淡为主。味佳者次之,味恶为下。

第四称试

有各种水,欲辨美恶,以一器更酌而称之。轻者为上。

第五纸帛试

又法:用纸或绢帛之类,色莹白者,以水蘸而干之,无迹者为上也。

以水疗病,其法有二。

第一温泉

温泉可以疗病者,何也?凡治病之药,皆以其味。四元行皆无味,故真水不能为药。以水为药,必借他味焉。温泉出于硫黄,硫黄为药,多所主治,而过于酷烈。医方谓其效虽紧,其患更速,难可服饵。温泉本水,而得硫之精气,故为胜之。又温泉疗病,用之薰浴者什九,用之汤饮者什一。薰沐者,其热毒不致入于肠胃,而性力却能达于腠理,则利多而害少焉。第同一温泉,性味各异。其所主治,亦悉不同。西国一大郡,其山间所出温泉数十道,每道各有主治。昔有国主征集名医,辨其性理,又多用罪囚患诸对症者,累试累验。然后定为方术,是何泉水,本何性味,主何疾病,作何薰蒸。或是沐浴,或是汤饮,用何药物,以为佐助。设立薰蒸器具,沐浴盆池,刊刻石碑,详著方法,树之本所。凡染病者,依方疗治,多得差焉。今温泉所在有之,亦有沐浴而得愈疾者。若更讲求试验,如前所云,所拯救疲癃,当复不少也。

第二药露

凡诸药,系草木、果蓏、谷菜诸部。具有水性者,皆用新鲜物料,依法蒸馏,得水名之为露。今所用蔷薇露,则以蔷薇花作之。其他药所作,皆此类也。凡此诸露,以之为药,胜诸药物。何者?诸药既干既久,或失本性。如用陈米作酒,酒多无力。小西洋用葡萄干作酒,味亦薄焉。若以诸药煎为汤饮,味故不全,间有因煎失其本性者。若作丸散,并其查滓下之,亦恐未善。凡人饮食,盖有三化。一曰火化,烹煮熟烂。二曰口化,细嚼缓咽。三曰胃化,蒸变传送。二化得力,不劳于胃。故食生食冷,大嚼急咽,则胃受伤也。胃化既毕,乃传于脾。传脾之物,悉成乳糜。次乃分散,达于周身。其上妙者,化气归筋。其次妙者,化血归脉。用能滋益精髓,长养肌体,调和荣卫。所云妙者,饮食之精华也。故能宣越流通,无处不到。所存糟粕,乃下于大肠焉。今用丸散,皆干药合成。精华已耗,又须受变于胃,传送于脾,所沁入宣布,能有几何?其余悉成糟粕,下坠而已。

病人脾胃,有如老弱,只应坐享见成饮食。而乃令操臼挈爨,责以化治乎?今用诸水,皆诸药之精华,不待胃化脾传,已成微妙。裁下于咽,即能流通宣越,沁入筋脉,裨益弘多。又蒸馏所得,既于诸物体中,最为上分。复得初力,则气厚势大焉。不见烧酒之味,酽于他酒乎?西国市肆中所鬻药物,大半是诸露水,每味用器盛置,医官止主立方。持方诣肆,和药付之。然且有不堪陈久者,国主及郡邑长吏,岁时遣官巡视诸肆,令取过时之药。是水料者,即倾弃之。是干料者,即杂烧之。盖虑陈久之药,无益于疾,或反致损也。其制法,先造铜锅,平底直口,下稍广,上稍敛。不论大小,皆高四五寸。次造锡兜牟,用铅或银,尤胜也。制如兜牟,上为提梁,下口适合铜锅之口,罩在其外。锡口内,去口一寸许,周遭作一锡槽,槽底欲平,无令积水。锡口外,去口一寸许,安一锡管。管通于槽,其势斜下。管之底,平于槽之底,宁下无高,以利水之出也。次造灶,与常灶同法。安锅之处,用大砖盖之,四旁以砖甃成一窝,涂之黏土,以铜锅底为模,铜锅底入于灶窝,深二寸。窝底大砖并泥,厚二寸。欲作诸露,以物料治净,长大者锉碎之,花则去蒂与心,置铜锅中,不须按实。按实,气不上行也。置铜锅入灶窝内,兜牟盖之,文火烧之。砖热,则锅底热。热气升于兜牟,即化为水,沿兜牟而下,入于沟,出于管,以器承之。兜牟之上,以布盖之,恒用冷水湿之。气升遇泠,即化水。候物料既干而易之,所得之水,以银石瓷器贮之。日晒之,令减其半,则水气尽,能久不坏。玻璃尤胜,透日易耗故也。他凡为香,以其花草作之,如蔷薇、木樨、茉莉、梅、莲之属。凡为味,以其花草作之,如薄荷、茶、茴香、紫苏之属。诸香与味,用其水,皆胜其物。若药肆多作诸药露者,则为大灶,高数层,每层置数器,凡数十器。或平作大灶,置数十器,皆蒸火一处。数十器悉得水焉,其薪火人力,俱省数倍矣。

注曰:如本图之甲壬癸子,铜锅也。乙庚辛,兜牟也。戌,提梁也。庚辛,锡口也。戊己,槽也。丙丁,管也。丑卯辰,灶也。丑寅,灶面也。申酉,窝也。申酉与壬癸相入、甲子与庚辛相入也。午未,灶门也。亥角亢,大灶也。氐房心尾,平灶也。

此外测量水地,度形势高下,用以决排江河,蓄泄湖淀,开浚沟渠,强理田亩,捍大患,兴大利者,别为一法。

或于江湖河海之中,欲作桥梁,欲作城垣,欲作宫室楼台,令千万年不致圮坏,别为一法。

或于山泉溪涧,去城郭数里或数十里,乃至百里,疏引原泉,伏流灌注,入于国城,或至大内,或至官府,或至园囿,或至人家,分枝析脉,任意取用,别为一法。

已上三法,别有备论。兹者专言取水,未暇多及。

11 卷之五

∽∽ 水法或问 ∽∽

既作水器,诸公见之,每辱奖叹。时及水理,有所酬对,序而录之。第四行论辨,更仆未悉。垂问所至,则举一二,若丝抽蔓引,为绪又长。故每从截说,非能连贯也。

或问:海为水之本所,何谓也?

曰:造物之初,浑沦剖判。四行之物,各有本所。火之体质,最为轻妙,居最上矣。气轻于水,居火之次。水之体质,稍轻于土,附地居焉。惟地形质,独为至重,凝结水下,万形万质,莫不就之。水既在地,地有崇卑。海之为处,于地甚卑,故百川会焉,汇为巨壑也。

问:地居水下,即水之下全为顽土乎?

曰:不然。四行之中,惟火至纯,不受余物而能入于余物。其外三行,皆能相容相受矣。水受三行,如海水夜明,烧酒能爇,有火分也。水体同重,为酒则轻,有气分也。积雪消之,沙土下凝,有土分也。气受三行,如云气上升,激成雷电,有火分也。阴霾昼晦,黄雾四塞,有土分也。雨露雪霜,虚升实降,有水分也。地体虽重,于重之中,又分虚实。地中最重,盖在其心。自心而外,渐有虚所。虚所之内,三行得入。试观山下洞穴,宛转相通,大地空所,亦同斯类矣。空虚之中,是气本所。气与水火,皆相接无际,而能相化。地既空虚,空虚之所,无不是气,故地中有气也。气与水接,水随气到。即水所不到,而土情本冷。气遇其冷,亦化为水,故地中有水也。日为大光,万光之主。光彻于地,则生温热。温热入地,积成燥干。燥干之极,乘气为火。积火所然,土石为烬。复乘气出,共成炎上。隔于云雨,郁为雷霆。升于晶明,上成彗孛。此二物者,火之精微。别有洞穴上通,全体俱出,则为西国火山,蜀中火井。若遇石气,滋液发生,则成硫黄。泉源经之,即为温泉。火道所经,镇压不出,则为火石。故地中有火也,气水在地,皆因空虚。虽居洞穴,终是地上,实亦未尝离其本所。火在地中,非从本所而降,盖由热生,以成济万物。因缘上升,仍归本所,遂其本性焉。

问:海水必咸,何也?

曰:咸者,生于火也。火然薪木,既已成灰,用水淋灌,即成灰卤。燥干之极,遇水即咸。此其验也。地中得火,既多燥干。燥干遇水,即成咸味。咸者之性,尤多下坠。试观五味,辛、甘、酸、苦,皆寄草木,独是咸味,寄于海水。足征四味浮轻,咸性沉重矣。今蜀道盐井,先凿得泉,悉是淡水。以筒隔之,更凿数丈,乃得卤焉。又盐池雨多,水味必淡。作为斗门,泄其淡水,下乃卤焉。咸重淡轻,亦其证也。海于地中,为最卑下,诸咸就之。积咸既多,淡入亦化,非独水也。海中山岳,或悉是盐。故咸重归海,海水为盐也。

问:咸既因火,火因于日,日遍大地,大地之下,悉有盐乎?

曰:岂不然乎?蜀道盐井,三晋盐池。西国有海,名曰地中,实不通海,而是咸水。西戎北狄,多有盐泽。彼以咸故,悉名为海,足征大地之下,无不有盐矣。

问：盐既下坠，蜀井可征，则凡盐所出，宜悉在下。乃今盐池盐泽，去地非遥，不如蜀中之井，深数十丈，何也？

曰：咸生于火，火浅咸浅，火深咸深。平原泽国，火不地见，盐不地出。惟是高山峻岭，上多亢阳，下多洞穴。地中有火，即成咸焉。今蜀中凿井求盐，或得火井。井中之火，覆盖则灭。然火投之，随而上焉，是则井火在下，与水同深，遇水成卤，不遇成火矣。晋中河曲，乃有火石，火石恒热。大行河西，亦产硫黄。可见晋中火浅，故晋有盐池，亦在浅土。又有小盐，刮地作之，略如硝碱也。西地中海，其水亦卤，周数千里。在其侧近，遂有火山，高数千丈。其上火穴，径千余步。厥火炎上，古今不绝。足征盐之与火，相切则成，亦复相视，以为浅深也。

问：水遇于火，既得成咸，云何不热？温泉乃热，既由于火，云何不咸？

曰：卤水不热，向言之矣。火热所炎，既成灰烬。水经其烬，因而得咸，云何有热？令火烬成灰，漉灰得卤，无有热也。然而海水不冰，亦具有热性矣。火在地中，助于土气，发生万物。五金八石，及诸珍宝，皆由于火，陶炼而成。自余诸物，不可数计。诸物之中，最近火性者无如硫黄。硫黄所在，水从过之，则成温泉。故温泉沐浴，所能疗者，冷气虚痹，与硫同治。然火能成硫，硫即非火。水因硫温，隔越于火。如铛煮水，火为铛隔。水不遇灰，不成卤矣。今温泉嗅之，多作硫气。亦有不作硫气者，是水来之处，复与硫隔。如重汤煮物，但得其热，不染其味也。或云，不作硫气者，本之朱砂礜石。无是理焉。

问：咸既火生，何不随火炎上，顾令下坠？火所在上，何以抑遏，使居地中？造物之主，岂有意乎？

曰：岂无意乎？咸能固物，使之不腐。却能敛物，使之不生。火在地中，借其温暖，多所变化。傥居地上，任其焚烧，有何不灭？若火与咸，俱令在地，动植之物，悉皆泯矣。故日光生热，因热生火。旋用水土壅阏，恒使在下，助生万物。有时有处，间一发见，即归本所，不得一时游行地上。偶一游行，目为灾异也。因火生咸，亦令性重，恒居在下。归藏于海，为人作味。不令侵出地上，以为物害也。且海益于人，不止作味。咸水生物，美于淡水。故海中之鱼,旨于江河之鱼。咸水厚重,载物则强,故入江河而沉者,或入海而浮也。此皆用海,为人利益。故咸水恒重,因重归海也。

问:海水潮汐者,何也?

曰:察物审时,穷理极数,即应月之说,无可疑焉。月为阴精,与水同物。凡寰宇之内,湿润阴寒,皆月主之。既其同物,势当相就。月为湿本,湿能下施,故方诸对月而得水焉。月既下济,水亦上行欲就于月。故月轮所至,水为之长,而成潮汐也。当潮长时,江河溪涧,以及盆盎,无处不长。长则气入,水为之轻。潮降气出,水复故重。今人以瓶盛水,每日权之,轻重不等,则潮升时轻,潮降时重耳。独小水之处,升降甚微,人所不觉。海水既大,灌注江河,升降盈涸,事理显然,故独称海潮也,不独水矣。凡水族之物,月望气盈,晦即气缩。故月虚而鱼脑减,月满而蚌蛤实也。又不独冰族矣,草木百昌,苟资湿润,以为生气,无不应月亏盈。月满气滋,月虚气燥。故上弦以后,下弦以前,不宜伐竹与木,以为材用。是者易蠹,生气在中也。下弦以后,上弦以前,伐而为材,即不作蠹。为少脂润,空质而已。亦犹春夏气滋,秋冬气敛,斧斤时入之意也。由此而言,月为水主。月轮所在,诸水上升。海潮应月,斯著明矣。

问:江河之水,则能灭火。海水入大火,如益膏油,既不能灭而反炽盛,何也?

曰:海水之咸,本从热干而生,由烬灰而出。即自具有热干之性,亦且挟有烬灰之体。凡物热干,多易生火,硝硫之类是也。灰水作咸,本从火出。人溺亦咸,盖由身中具有火行。畜溺亦咸,犬马火畜,积溺所成,绝似硝碱。故咸者,火情也。卤不灭火,而反炽盛,以此故焉。

问:海水浮物,强于江河之水。尝见海舟,载物未增,入于江河,验其水痕,顿深尺许。又见海滨煎户,以石莲试卤。卤未成时,投莲必沉;及至卤成,莲悉浮矣。三入三浮,乃登牢盆,以见咸性愈重,载物愈强。此为何故?

曰:海水由火而生,今用沐浴,肤皆赤色,或至皴裂。燥热之效,亦已明矣。燥热之情,本自坚劲。加有咸味,中挟烬灰微妙之分,比之凡水,稠而密理,故载物独强也。

问:卤水之燥,因于烬灰,信其然矣。今以干灰一升,别置水一升,挹水入灰,水尽不溢,灰亦如故。既是寒灰,岂能损水?水既不损,灰岂无质?二升并一,绝不加多,其故何也?

曰:灰虽有形,而质器已尽,多是虚体。体中无处不虚,故水皆渗入。其质存者,亦有微分。缘其燥情,略能损水。水损微分,与灰存质,适足相当。故二升并一,不加多也。

问:人溺作咸,人汗亦咸,其故何也?

曰:人饮水浆茶酒之属,其中精粹,是为上分。上分者,因于真火。宣越流通,化为四液(略见《四元行论》)。筋脉受之,髓骨肌肉,赖其长养。此如水气成云,离于燥咸矣。其中粗浊,是为下分。下分者,重坠沉垫,燥咸在焉。筋脉不受,入于膀胱,由下窍出,故溺味恒咸也。若暑月炎酷,或作务烦劳,中外皆热,真火所炼,去其上分。所存下分,挟有燥咸,不入筋脉,未下膀胱,因于热煎,横溢而出,则成汗矣。汗亦溺类,故夏月汗多则溺少,冬月汗少则溺多也。譬于大地,咸之本所,故是大海热干所化,宜流于海。火盛煎逼,溢地而出。盐池盐井,汗之属乎?膀胱水海,义亦相类矣。

问:人热而汗,于理允矣。人病亦汗,此为何因?病中之汗,又分冷热。久病汗冷,新病汗热,又何故也?

曰:人身水饮,上分为液,下分为溲,略言之矣。若恣饮无节,过其度量,或本无①过度,而脾胃虚弱,二者皆不及运化。运化所余,上不成液,下不成溲,因而留滞,是名剩液。剩液者,液之不良分也。此物留滞,客于脾胃,实惟真火,可以消之。若节啬珍养,真火力盛,渐次消尽,安隐无疾。若有积无消,而求溢出,必化为汗。积液过多,真火又微,不能胜之,其汗则冷。冷汗多淡,为火微故。积液既少,真火能胜,汗乘火出,亦热亦咸,液尽疾瘳也。医家或以吐下当汗,皆求去其剩液而已。

问:海为水所,水性就下,归于海矣。江河之地,视海为高,江河之水,

①　"本无"二字原无,据《四库全书》本补。

反从高出,何自来乎?

曰:江河者,生于海者也。何以知之?曰:江河终古入海,而海不溢,故知海水之下,地脉潜通,复为江河也。海水既咸,复为江河,其味则淡,何也?曰:水为元行,元行无味。咸非水体,从外合焉。凡可合者,即复可离。海水入地,经砂石土,滋液渗漉,去其咸味。又水性在下,不可得上。其从下而上,得为江河者,或受日温,随气上腾;或受月摄,因时而长。当其上时,皆如蒸馏。今用碱卤之水,如法蒸之,所得馏水,其味悉淡。海中之水,蒸气成云。海云作雨,雨亦淡焉。足征咸性就下,不随淡升矣。有此二端,故江河复淡也。亦有山下出泉,积聚成川,沿流会合,成其深广。今人疑江河之水,悉本山泉,不知江河之底,以及平地,随处出泉。开河凿井,足为征验,不尽由山也。若雨雪之水,山阜田原,悉归江河,以注于海。此理甚著,无劳诠说。

问:山下出泉者,何也?

曰:凡物之情,皆欲化异类为己同类也。两物相切,弱者受变。两强相切,少者受变。故四行俱能相变焉。凡山皆以石为体,自非石体,昔当胚浑之际,不成山也。因其石体,下有洞穴。洞穴之内,纯得土性,其处最寒矣。天地之间,悉无空际。凡有空处,气悉满焉。洞穴既空,为气所入。气情本暖,暖气遇寒,变成水体。积久而泄,寻求石罅,乘气出焉。亦有洞穴既空,为气所入。气情本暖,暖气遇寒,变成水体。积久而泄,寻求石罅,乘气出焉。亦有洞穴深长,潜引地脉,海水相通,因而摄受,不须气化,积渐而成者。故曰"山泽通气""山下出泉"也。

问:掘井得泉,何也?

曰:凡地之中,必有水伏流焉。其源也,或本于海,或本于泉。其委也,或入于河,或入于海,皆有条理,宛如人身脉络。砂土之脉,其行散漫,俗称沟水。沟水之来,广或寻丈,深一二寸。山石之脉,其流专一,俗称泉眼。泉眼所出,或径寸许,乃至数寸。故掘井者,惟下地泽国,所在得泉,不论脉理。其他山乡高亢,必寻水脉。不得水脉,终不及泉。寻脉之法,略见上方矣。有工于井者,辨视石色,即知泉眼所在,如玉人辨璞也。既知泉眼,即留取不凿。迨下方工毕,凿石出泉,用力既省,积水甚多。

问:近海斥卤,而掘地得泉,有卤有甘,何也?

曰:地中之脉,有万不齐。掘井得水,视所由来。若此泉脉由河入海,则是甘泉。由海入河,即卤泉也。

问:井中之水,夏寒冬热,何也?

曰:三夏之月,日暴于地。地上数尺,其热欲焦。冬月气寒,加以飘风,夏热在土,为寒所逼,下入于地,井水成暖。三冬之月,积寒于地,迨夏暑热,冬寒在土,复为热逼,下入成寒。非冬暖夏寒,各从下上也。暖情为火气,火气无时不上升焉;寒情为水土,水土无时不下降焉。

问:雨者,何也?

曰:日光照地,既成温热。温热薄于水土,蒸为湿气。气情本暖,暖者欲升,复得日温。郁隆腾起,是有火行。火所燔蒸,飘扬如烟,复挟土体,相辅上行。气行三际(略见《四元行论》),中际甚冷。气升离地,渐近冷际,因于水土本情,是冷是湿,结而成云。是一云体中,具有四行也。凡物体具四行,及将变化,胜者为主。云至冷际,冉冉将化,本多湿情。湿情若胜,即化为水。水既成质,必复于地。地为大质,万质所归。有质之物,无缘离地,可得顿置也。正如蒸水,因热上升,腾腾作气,云之属也。上及于盖,盖是冷际,就化为水。既已成水,便复下坠。云为行雨,即此类焉。若水土湿气,既清且微,日中上升,即为风日所干。迨至夜时,升至冷际,乃凝为露。夜半以后,去昨已远,寒气微深,亦如一岁之寒,盛于日至之后也。当其寒时,气升稍重,故晨露尤繁。夜有烈风,亦受风损,故风盛即露微矣。若长夏大旱,了无湿气,则夜中并无露焉。

问:云生必为雨乎?有密云不雨者,有旱云益旱者,何也?

曰:气升不等,所具四行,各有偏胜。故或为霾雾,或为雷霆彗孛也,岂必气升皆雨乎?风之为物,亦是热干,与雷霆彗孛,一本所生。但不得直升,横骛地上,此为异耳。云虽湿热,上升遇冷,凝结所成,变化为雨,是其常分。但旱暵之时,气行大体,多是燥干;云起于地,孤行独上。虽至中际,无有湿性,与相协助。尚未化雨,濡滞之间,或遇大风,飘向他方,成他方之雨。或本体之中,湿情既微,风性燥烈,遂泯其湿,徒存燥干,上为奔星耳。所以晴日云高,而反不雨。大旱之年,山云屹峙,行复散失,徒见流光,有嘈其明也。若气行大体,湿性既多,云起于地,遇其冷湿,不能直上,遽化为水。故云近于地,反得雨焉。每有高山之上俯瞰云雨,皆在其下。下视震雷,如水发沤也。

问:雨水胜于地上之水,何也?

曰:日照于地,水土之气,蒸而成云,是水之精华。如烧酒药露,皆以清升,征其粹美也。其中有火土气之情,既化为水,各相分背矣。凡水略经挠动,即清升浊降。雨之为物,上腾下降。挠动已极,全得其清。故雨水为良也。地上之水,美恶不等。地中所有,以及所生,水一过之,即为染著,受其气味。盖地上元行真水,百无一二。比之雨水,故为劣焉。

问:雪者,何也?

曰:雪者,与雨同理。故将雪之日,必先微温。不温,气不上升也。惟冬之月,冷际甚冷。气至其际,变为雪焉。露之为霜,其理略同也。

问:雪花六出,何也?

曰:凡物方体相等,聚成大方,必以八围一。圆体相等,聚成大圆,必以六围一。此定理中之定数也。凡水居空中,在气行体内,气不容水,急切围抱,不令四散。水则聚而自保,自保之极,必成圆体。此定理中之定势也。气升成云,云遇冷际,变而成雨。因在气中,一一皆圆。初圆甚微,以渐归并,成为点滴。雨既水体,既并复圆,未至地时,悉皆圆点。冬时气升,成为同云。遇冷而变,亦成圆体。既受冷侵,一一凝沍,悉是散圆。及至下零,欲求归并,却因凝沍,不可得合,聊相依附,求作大圆。以六围一,即成花矣。曰:既因依附,求成圆体,就不相合,亦宜抟聚。云何成片,而复六出?平辏即合,直辏即离。其故何也?曰:地体不动,天行左旋,日行一周。火在气上,亦随天运。气体近地,依地不动。上近火者,随火旋焉。冷际亦动,动势神速,难可思惟。有物遇之,如锯出屑。雪既凝结,受其摩荡,平中辏合,尚得自由。直处逢迎,势不可得。正如湿米磨粉,易令作片,难以成抟也。

问:雨水与雪水孰胜?

曰:雨水胜。何故?曰:水为元行。不杂他味,方为真水。雨从云出,云从气升。气非日蒸,不致上腾。当其上腾,挟有火情。火情热干,热干炎上,其势壮猛。土之精者,亦随而上,故兴气成云。一云之中,具有四行。但时有偏胜,水胜时多耳。间或火土合气,水情绝少。力势既盛,土之次分,亦随而上。上遇冷际,力势稍微。土之次分,复归于地,则成霾雾。若火土自升,水云复盛,火土上行,阻于阴云,难归本所。阴云逼迫,既不相容。火土之势,上下不得,亦无就灭之理,则奋迅决发,激为雷霆,是其破裂之声。电是火光,火迸上腾。土经火炼,凝聚成质。质降于地,是为劈历之楔矣。就其阴云之中,亦有火土二体。上遇冷际,为水所胜,气变成水。火情挟土,能在气中,与之俱上。是则土之上妙者也。热燥轻微,与火为体,火性炎上,初随气升。气既变水,水将就下。火土二体,不复从之。如蒸水成气,气至甑盖,化而为水,仍归釜中。若其热性,自能透甑而出,不复就下矣。既与雨分,火土相挟,决起而上。亦有火土自升,不遇阴云,不成雷电,凌空直突者。此二等物,至于火际,火自归火,挟上之土,轻微热干,略似炱煤,乘势直冲,遇火便烧,状如药引。今夏月奔星是也。其土势太盛者,有声有迹,下及于地,或成落星之石,与霹历同理焉。若更精更厚,结聚不散,附于火际,即成彗孛。附丽既久,势尽力衰,渐乃微灭矣。是则雨从云降,分于火土,亦无有气。故雨为元行真水,其味特胜也。若雪天之云,与雨云等,亦具四行。独是冬月,冷际甚冷。火至其处,势亦稍杀。土虽轻微,其势不能挈与俱上。一时云气,骤凝为雪,土亦与焉。火虽独归其所,雪中之土,仍与同性,略如灰烬炱煤之属。故大雪时,试取纯雪,融化为水,下有微细沙土。所融雪水,仍作燥干之味。不然,雪遍大地,尘土被压,所取净雪,不杂地上之土,融水得沙,自何而来?故雪水不如雨水,中有火土二情也。若融化既久,淀去沙土,离于二情,亦成元行真水,与雨水同焉。又气方上升,未尽化水。遽凝为雪,有气杂糅。雪体轻虚,职由于此矣。

问:冬云成雪,既由冷际极冷。春秋成雨,当由冷势稍减乎?即三夏之月,愈宜减矣,乃夏月之雹,有绝大者,伤及人畜,压损田苗,比于冬雪十百倍之。敢问雹由冷乎？热乎？若由冷也,冬何不雹？若由热也,热反凝冰？此理何由？请闻其说。

曰:气有三际,中际为冷。即此冷际,下近地温,上近火热,极冷之处,乃在冷际之中。自下而上,渐冷渐极。二时之雨,三冬之雪,盖至冷之初际,即已变化下零矣,不必至于极冷之际也。所以然者,冬月气升,其力甚缓,非大地兴云,不能相扶以成其势。故云足甚广,云生甚迟。必同云累日,徐徐而起,渐至冷际,渐亦凝泲,因而结体,甚微细也。自余二时,凡云足广阔,云生迟缓,即雨势舒徐,雨滴微细,亦皆变于冷之初际矣。独是夏月,郁积浓厚,决起上腾,力专势锐,故云足促侠,隔塍分垅,而晴雨顿异。云起坌涌,肤寸暂合,而沟浍旋盈。盖因其专锐,故能径至于冷之深际。若升气愈厚,即腾上愈速;入冷愈深,变合愈骤,结体愈大矣。若其浓厚专锐之极,遄升遄入,抵于极冷。极冷之处,比于冬之初际,殆有甚焉,以此骤凝为雹。雹体小大,又因入冷深浅,为其等差。愈速愈深,当愈大也。是以雹灾所至,自有畦畛。因其专狭,雹云上升,与雨云异,因其迅猛。善审观者,见云生有异,知当是雹,可得亟避矣。雹兴夏月,火土之体,加雪数倍,雹因骤凝,土随在焉。故雹中沙土,更多于雪。因其骤结,并气包焉。故雹体中虚,虚者是气。惟雪与雹,皆体具四行,未相分背,与雨水特异也。

问:器中贮水,曾无漏溰。贮以冰雪,外成湿润,何也？

曰:水土而上,气行充塞。凡器之外,悉皆气也。冰雪甚寒,气暖在外。暖因寒逼,渐变成水。云至冷际,而变为雨。气入地中,而变为泉。是其类焉。

问:灌溉草木,不论用河用井,皆须早晚而避午中,何也？

曰:灌溉草木,多在夏月。正午炎歊,于时用水,如以热汤,则伤其根,故灌必早暮。或作池畜水,乘夜发之。如是说者,旱种则然。若水种者,惟惧过寒,是生食节之虫,故不避日中而忌夜灌。积雨太冷,宜泄去之。山泉初出,汇以塘池。既受日旸,而后灌之。或作池畜水,昼日发之。

问:向者水法,委属利便,力少功多矣。第江河不得,求之井泉;井泉不得,求之雨雪。兼之江河井泉,亦待雨雪,以增其润。究竟农民所急,当在雨矣。然而雨旸时若,不可岁得。水旱虫蝗,或居强半。不知何术可得预知,以为其备乎?

曰:天灾流行,事非偶值,造物之主,自有深意。若诸天七政,各有本德所主,本情所属。因而推测灾变,历家之说,亦颇有之,然而有验不验焉。盖数术之赘余,君子弗道也。傥居人上者,果有意养民,欲为其备,则经理山川,兴修水利,劝课农桑,广储粟谷,阜通财货,即水旱灾伤,自可消弭太半。脱值不虞,有备无患矣。又何事前知为乎?且水旱不齐,大略一灾二稔,十年之中,宜为三年之备,必于不免。知与不知,又何异焉?

问:田家有术,以知一时晴雨。有之乎?

曰:此则无关数术,殆四行之实理也。究极言之,百端未罄。略举一二,余可推焉。其一曰:灶突发烟,平远望之,亭亭直上,旱征也。蜿蜒而起,如欲上不得者,雨征也。何故?曰:水土之气,上腾为云。云凝在上,未成为雨。空中气行,悉皆燥干,故令火烟直上无碍,云将成雨。空中气行,皆成湿性。烟为湿碍,不得上升,令其宛曲也。将雨,土石先润,以此;将雨,础润,以此;将雨,灯爆,以此。

又问:曰"朝日出,光黯淡,色苍白者,雨征也",何故?

曰:晴明之辰,气行清净,作玻璃色,日则晶明,无有障隔。将雨,水湿上升,气稍稠浊,光则黯淡也。苍白者,水色也。

又问:曰"日出时,云多玻漏,日光散射者,雨征也",何故?

曰:气升作云,未成为雨,体凝质密。及至成雨,体质消化,故轻薄透漏也。

又问:曰"密云四布,牛羊龁草如常者,不雨。若唼食匆遽,似求速饱,雨征也""蝇蚋蚊虻,匆遽咂食,雨征也""螺蛳之属,仓皇飞骛,雨征也""穴处之虫,群出于外,雨征也",何故?

曰:湿气上升,凡是诸物,皆能先觉也。

又问:曰"朔日至于上弦,视月两角,近日一角,稍稍丰满,雨征也""月晕,白主晴,赤主风,色如铅者,雨征也",何故?

曰:月轮在上,本无有晕。受气笼罩,是生晕焉。若气行清净,星月皎然,乃无晕矣。因气而晕,若白色者,水分犹少,乃得不雨。赤是火分,故为烈风。若如铅者,气受水湿,其色然也。月角厚薄者,日暴水土,其气上腾,近日则厚也。

12 卷之六

龙尾一图

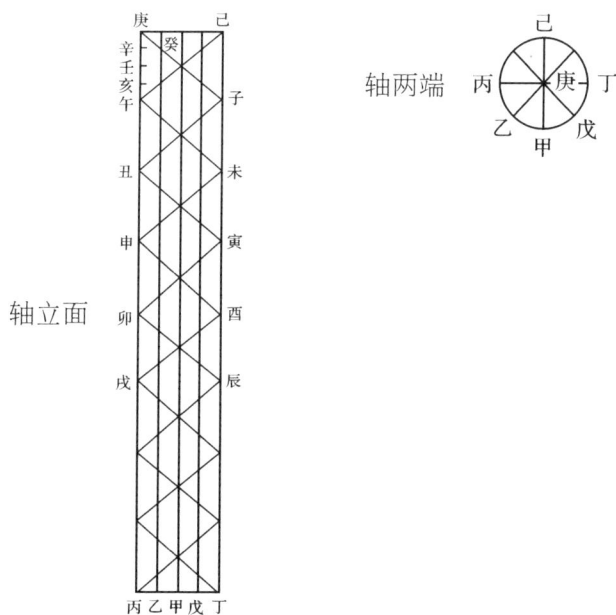

龙尾二图

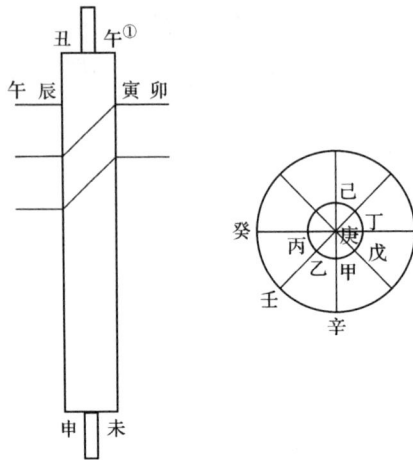

龙尾三图

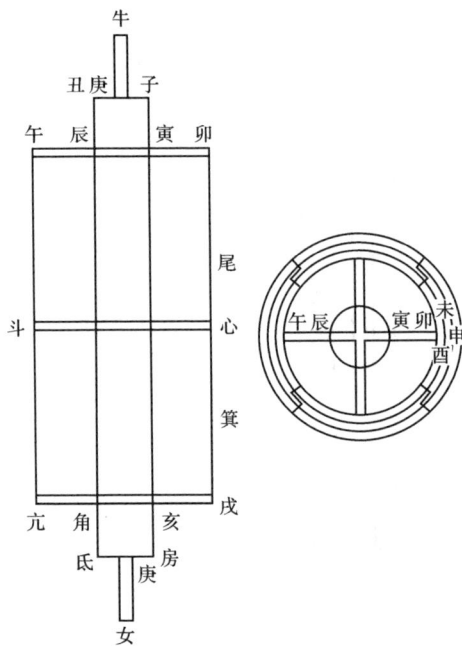

---

① 此"午"字重复,《四库全书》本作"子",宜从。

龙尾四图

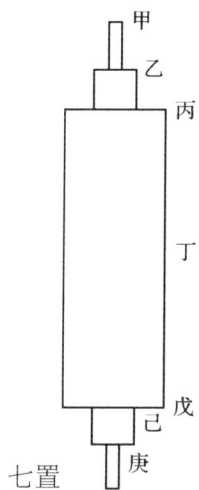

七置

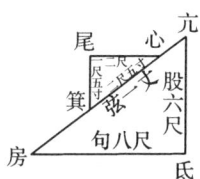

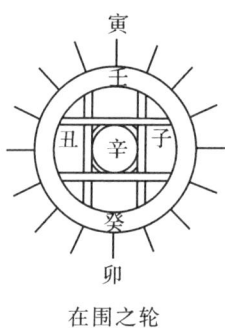

在围之轮

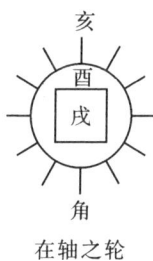

在轴之轮

在枢之轮

龙尾五图

玉衡一图

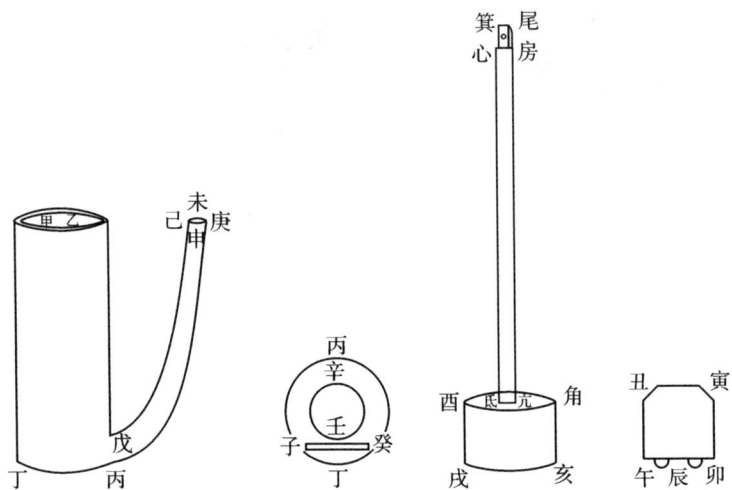

玉衡二图

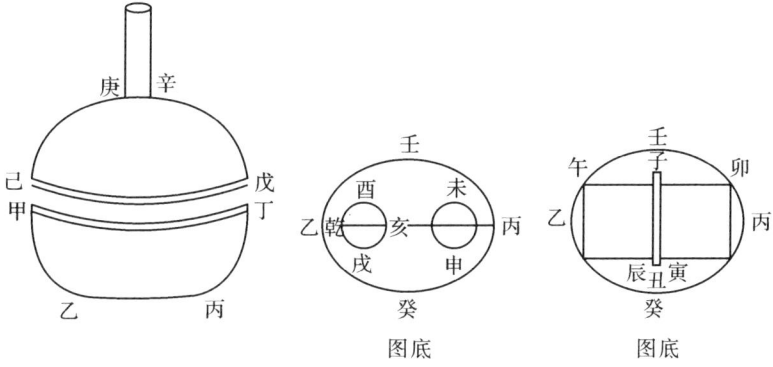

庚 辛

己 戊
甲 丁

乙 丙

壬
酉 未
乙乾 亥 丙
戊 申
癸

图底

壬
午 子 卯
乙 丙
辰丑寅
癸

图底

玉衡三图

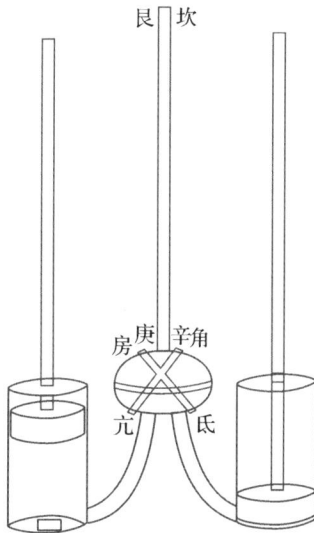

艮 坎

房庚 辛角
亢 氐

玉衡四图

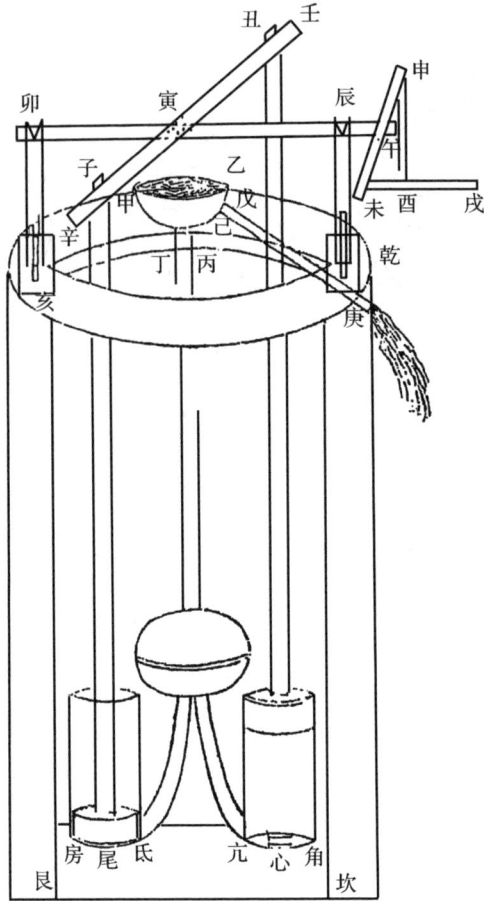

恒升一图

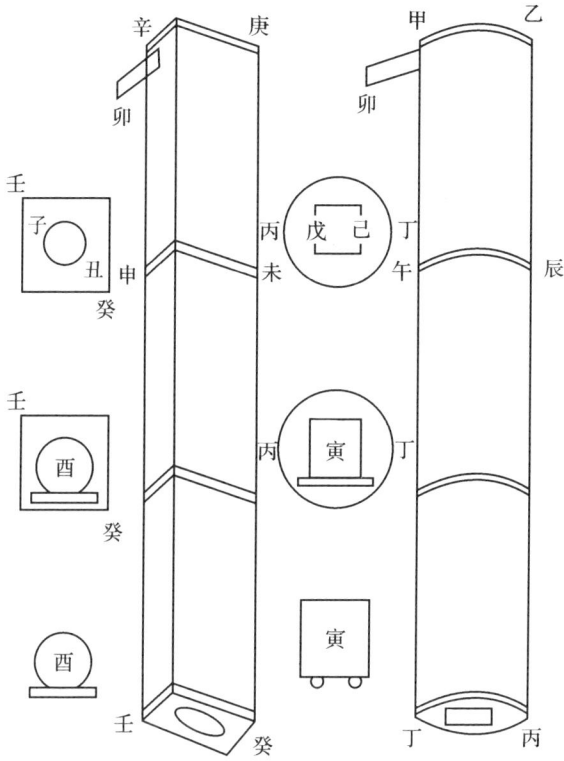

恒升二图①

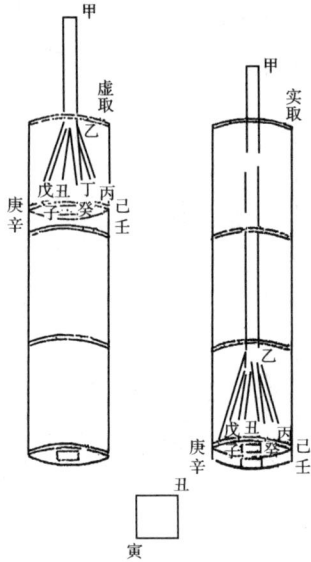

恒升三图

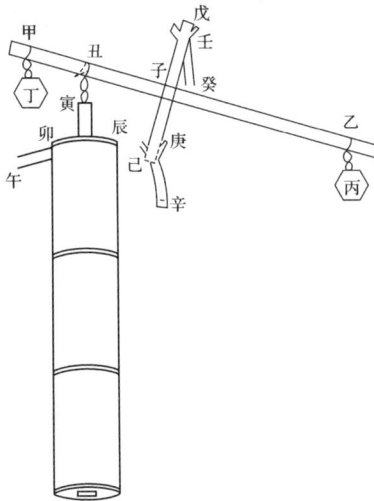

————————————

① 此图"四足"所标干支似有误。

恒升四图

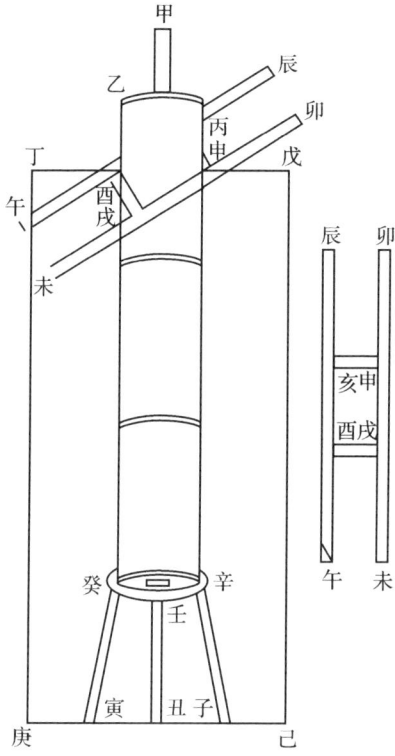

水库一图

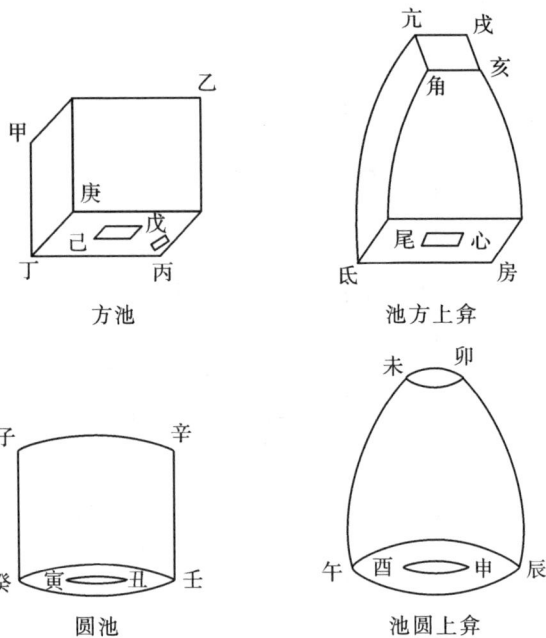

方池

池方上弇

圆池

池圆上弇

水库二图

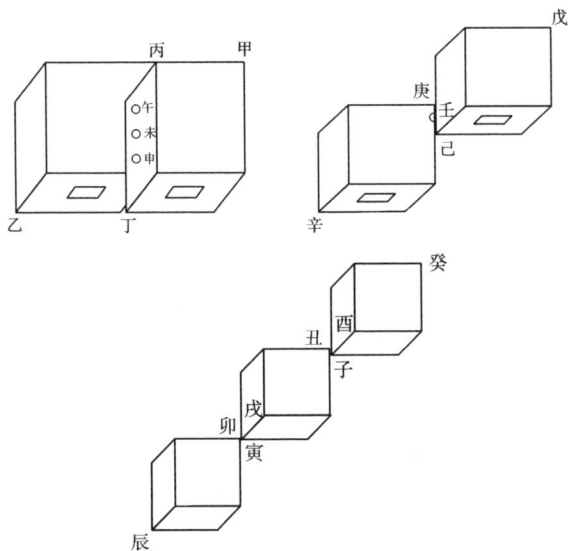

水库三图

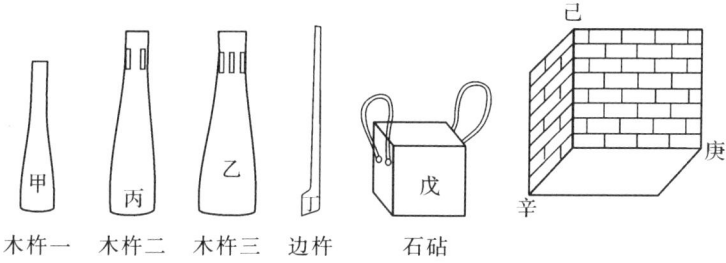

木杵一　木杵二　木杵三　边杵　　石砧

水库四图

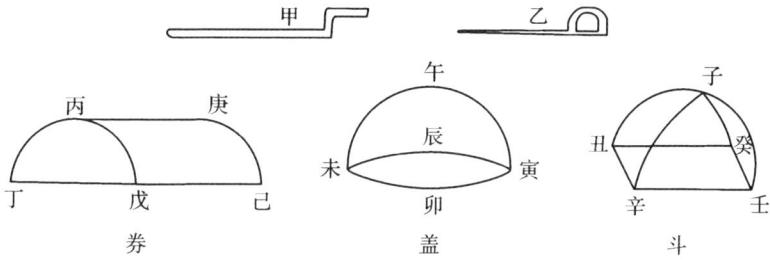

券　　　　　盖　　　　　斗

水库五图

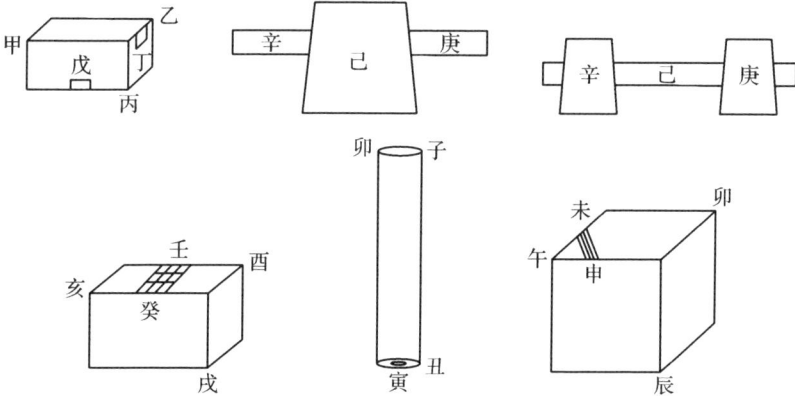

药露诸器图

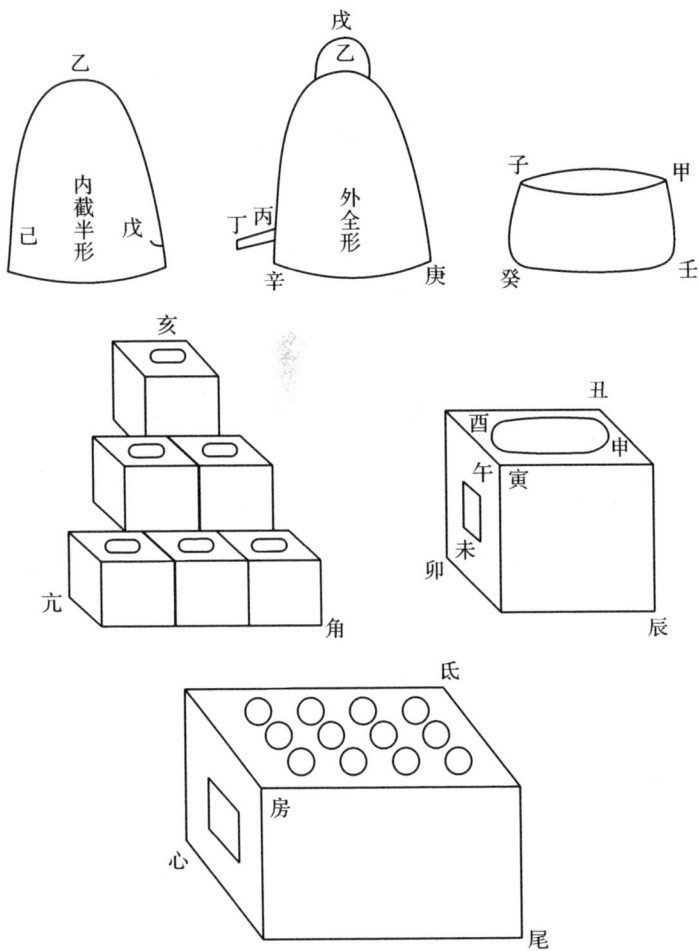

四

简平仪说

1　点校说明

　　《简平仪说》为徐光启传授熊三拔天文学的作品,署:"泰西熊三拔撰说,吴淞徐光启札记"。徐光启于一六一〇年利玛窦逝世后,结束守制,从上海赶去北京,处理教务、政务。本年,熊三拔和龙华民、庞迪我一起接续利玛窦事务,传习西学。熊三拔(Sabbathino de Ursis,一五七五——一六二〇),意大利耶稣会士,精通物理学,但碍于神父身份,不太情愿向徐光启传授此类学问。徐光启说:"间以请于熊先生,唯唯者久之。察其心神,殆无吝色也,而顾有怍色。……有怍色者,深恐此法盛传天下,后世见视以公输、墨翟。"(《泰西水法序》)徐光启打消了熊三拔的顾虑,乃有《泰西水法》和《简平仪说》之翻译和介绍。熊三拔为徐光启"解其凡","因手受之,草次成章"(《简平仪说序》)。

　　按《四库全书总目提要》的总结,《简平仪说》"大旨以视法取浑圆为平圆,而以平圆测量浑圆之数也。凡名数十二则,用法十三则,其法用上、下两盘,天盘在下,所以取赤道经纬,故有两极线、赤道线、节气线、时刻线。地盘在上,所以取地平经纬,故有天顶,有地平,有高度线,有地平分度线"。《简平仪说》作于万历辛亥(一六一一),当年即有刻本。李之藻编《天学初函》,《简平仪说》收入"器编"。上海市文物保管委员会编《徐光启著译集》据《天学初函》本影印,此次即据此排印点校。

李天纲
二〇一〇年十一月

2 简平仪说序

扬子云未谙历理而依粗法言理,理于何傅? 邵尧夫未娴历法而撰私理立法,法于何生? 不知吾儒学宗传有一字历,能尽天地之道,穷宇极宙,言历者莫能舍旃。孔子曰:"泽火,革。"孟子曰"苟求其故"是已。"革"者,东西南北,岁月日时,靡所弗革。言法不言革,似法非法也。"故"者,二仪七政,参差往复,各有所以然之故。言理不言故,似理非理也。

唐虞邈矣,钦若授时,学士大夫罕言之。刘洪、姜岌、何承天、祖冲之之流,越百载一人焉,或二三百载一人焉,无有如羲和、仲叔极议一堂之上者,故此事三千年以还忞忞也。郭守敬推为精妙,然于"革"之义庶几焉。而能言其所为故者,则断自西泰子之人中国始。先生尝为余言:"西士之精于历,无他谬巧也,千百为辈,传习讲求者三千年,其青于蓝而寒于水者,时时有之。以故言理弥微亦弥著,立法弥详亦弥简。"余闻其言而喟然。以彼千百为辈传习讲求者三千年,吾且越百载一人焉,或二三百载一人焉,此其间何工拙可较论哉?

先生没,赐葬燕中,仍诏听其同学二三君子依止焚修。诸君子感恩图报,将欲续成利氏之书,尽阐发其所为知天事天、穷理尽性之学。而会中朝方修正历法,特简宿学名儒莅正其事。于时司天氏习闻诸君子之言者,争推举以上。大宗伯欲依洪武壬戌故事尽译其书,用备典章。大宗伯以闻报可,自是一时畴人世业,亡不贾勇摩厉,以劝厥成。盛哉！尧舜在上,下有羲和,庶其将极议一堂之上乎？余以为诸君子之书成,其裨益世道,未易悉数。若星历一事,究竟其学,必胜郭守敬数倍。其最小者是仪为有纲熊先生所手创以呈利先生,利所嘉叹。偶为余解其凡,因手受之,草次成章,未及详其所谓故也。若其言革也,抑亦文豹之一斑矣。熊子以为少,未肯传,余固请行之,为言历噶矢焉,第欲究竟其学为书,且千百是是,非余所能终也。必若博求道艺之士,虚心扬榷,令彼三千年增修渐进之业,我岁月间拱受其成,以光昭我圣明来远之盛,且传之史册,曰历理大明,历法至当。自今伊始,夐越前古,亦綦快已！万历辛亥秋月,吴淞徐光启序。

3 名 数（十二则）

简平仪,用二盘。下层方面,名为下盘,亦名天盘。上层圆面,半虚半实者,名为上盘,亦名地盘。

下盘安轴处,为地心。其过心横线,名为极线。极线之左界为北极,右界为南极。其过心直线与极线作十字交罗者,名为赤道线。盘周之最内一圈,名为周天圈。

赤道线左右,各六直线,渐次疏密者,名为二十四节气线。即以赤道线为春分,为秋分。次左一曰清明,曰白露。次左二曰谷雨,曰处暑。次左三曰立夏,曰立秋。次左四曰小满,曰大暑。次左五曰芒种,曰小暑。次左六曰夏至。此为日行赤道北诸节气线也。次右一曰惊蛰,曰寒露。次右二曰雨水,曰霜降。次右三曰立春,曰立冬。次右四曰大寒,曰小雪。次右五曰小寒,曰大雪。次右六曰冬至。此为日行赤道南诸节气线也。若仪体小者,左右各三线,则以一宫为一线。仪体大者,左右各十八线,则以一候为一线也。

从赤道线上取心，以冬夏二至线为界，上下各作半圈者，名为黄道圈。用半圈周平分十二者，是黄道半周天度，十五度为一分。若仪体大者，分三十六，则五度为一分也。

已上、下盘诸线，共作一图，本名《范天图》，为测验根本，别有备论。

极线之上、下，并周天圈分各十二曲线渐次疏密者，名为十二时刻线。即以极线为卯正初刻，为酉正初刻。次上一为卯正二，为酉初二。每线二刻，依时列之。次上十二，即周天圈分，为午正初刻也。次下一为酉正二，为卯初二。每线二刻，依时列之。至次下十二，即周天圈分，为子正初刻也。若仪体小者，上下各六线，则以四刻为一线。仪体大者，上下各二十四线，则以一刻为一线。更大者，上下各七十二线，则以五分为一线也。

周天圈以赤道线、极线，分为四圈分。每圈分，分九十度，为周天象限。四象限共三百六十，为周天度数。

上盘中央安轴处为盘心。盘中过心横线，在半虚半实之界，名为地平线。其过心直线，与地平线作十字交罗者，名为天顶线。

上盘之圈周亦以地平、天顶线，分为四圈分。每圈分，分九十度，为周天象限。四象限共三百六十，为周天度数。

上盘半虚处，左右相望，作针孔，贯以丝绳，与地平线平行。不论多寡，皆名为日晷线。

上盘地平线下，横布疏密度数。是依天顶线作平行直线，上应周天度分者，名为直应度分。

上盘轴心，施一线下垂，线末系坠，令旋转加于上盘周天度分者，名为垂线。若以铜为权，下重末锐，令其末旋转加周者，名为垂权，与垂线同用。

下盘之上方，横作一直线，与极线平行者，名为日景线。线之两端，截去线之上方寸许，不尽线半寸许，又截去线之下方半寸许，令版之左右上角，各为方柱。柱端与日景线平行者名为表。

4　用　法（十三首）

第一，随时随地，测日轨高几何度分。测验之最急者，为随时随地，求日轨高度分。历家必须登台转象，未能简便。今用此仪，应手可得。

以上盘地平线，加于下盘南、北极线。次任用下盘一表以承日，令表端景加于日景线。次视垂线所加上盘圈周度分，即目下日轨高于地平度分。

假如以表承日，表端景，加于日景线，而垂线去天顶线、地平线各四十五度，即日轨高于地平四十五度也。若垂线渐近天顶线，即日轨渐低渐近地平线，即日轨渐高。各以垂线度分，为日轨度分。

第二，随节气求日躔黄道距赤道几何度分。黄赤二道之交，为天元春、秋分。二道相去最远处二十三度半强，为冬、夏至。自天正春秋分日，日躔二道之交。过此，日躔黄道，距赤道渐远，至冬、夏至而极。过此渐近，至春秋分复躔二道之交。其日躔黄道，每日约平行一度。若其距之远近，及远近之差，却各节各日，多寡不同，大都近交差多，近至差少。历家多用弧矢句股法推算，其间别有大论。今用此仪，可随节测量，以需后用。

日，日约行一度。视本日去春、秋分几何日，即循两黄道圈各检取去赤道线几何度，为两界，用直线，隐两界上，循直线，视所当周天圈度分，即所求。

假如清明日欲得黄、赤道距度，视本日距春分，约十五日。日，日约行一度，得十五度，即循两黄道圈各左方，检取去赤道线各第十五度，是本日日躔黄道距交度，为两界。次用一线，或界尺，隐取两界循直线，视所当周天圈度分，得六度，是本日日躔黄道距赤道度。又如小满日，距春分约六十日，即检取黄道圈上去赤道线六十度，为日躔黄道距交度。次依法视周天圈，得二十度少，是本日黄、赤道相距度。

第三,随地随日,测午正初刻及日轨高几何度分。凡测正午时,用正方案,为初法。用日晷,为后法。今用此仪测得以需后用,亦系初法。

约日将中时,用第一法测日轨高几何度分。少顷,复依法累测之,日昃而止。次检日轨最高度分,为本地本日午正初刻日轨高。若立表,随所测作线,即得子午线。

假如顺天府寒露日,午前用第一法测得日轨高四十度,次用刻漏,或度日影,每过半刻或一刻许,复依法累测得四十一度、四十二度,乃至四十四度。又测得四十三度,即四十四度为本日午正初刻日轨最高度。依累测,各作表线,得四十四度所作线,为正子午线。

第四,随地测南、北极,出、入地几何度分。南、北极,出、入,随地不同。按《唐志》言:三百五十余里,差一度。西国则二百五十里,差一度。当由尺度异也。乃其实皆为平差。历家测验,先须得此,不然,即昼夜长短、日月出入、躔度高下、交食分数,悉不可考,悉不可论。故元太史郭守敬分道测验,以为历准。然周行四极,辎轩错出,而所得止二十七处,意其为术亦太艰难矣。今用此仪,但是人迹所至,都会郡邑,一测便得,不劳余力矣。

依第三法测得本地午正初刻日轨高几何度分。次依第二法,求本日日躔距赤道几何度分。次视日躔赤道南北算之,若日躔赤道南,则以距度加高度,得赤道至地平之高。以赤道高减周天象限度,即得赤道离天顶度,亦即本极出地度,对极入地度。日躔赤道北,则以距度减高度,得赤道至地平之高,如法算之。若春秋分,日正躔赤道,即无距度。其日轨高,即赤道至地平之高。如法算之,地在赤道南北,并同。其有日轨距赤道,天顶居中,日中有倒景者,即倒测日轨高。以高度并距度减去周天象度,即得赤道离天顶度。地在赤道南北,并同。

假如顺大府,恒见日躔在南,即知天顶在赤道北,当得北极出地,南极入地。今于天正春分日、午正初刻,依第三法,测得日轨高五十度。又依第二法,得本日日躔黄、赤道之交无距度,即赤道高于地平五十度,以减周天象限九十度,得四十度,即赤道离天顶度。南北极离赤道与地平离天顶,俱九十度,即顺天府天顶离北极五十度。而北极出地,南极入地,各四十度。若顺天府霜降日,日躔赤道南。是日午正初刻,测得日轨高三十八度,次依第二法,得日躔距赤道十二度,以加日轨高三十八度,亦得赤道高于地平五十度。如上法,算得北极出地四十度,若顺天府立夏日日躔赤道北,是日午正初刻,测得日轨高六十六度。次依第二法,得日躔距赤道十六度,以减日轨高六十六度,亦得赤道高五十度。如上法,算得北极出地四十度。又如应天府清明日,日躔赤道北,是日午正初刻,测得日轨高六十四度。次得日躔距赤道六度,以减日轨高,得五十八度,为赤道高。以减周天象度,得北极出地三十二度。如地在赤道南者,则躔南加高,躔北减高,算法并同。其有天顶居日轨赤道之中者,天顶距赤道在二十三度半强以内日中有倒景之地,皆是也。如高州府夏至日午正初刻,日中有倒景,即倒测日轨高于北地平八十八度半弱,以并距度二十二度半强,得一百一十二度,减去周天象限九十度,即得赤道离天顶北极出地、南极入地,各二十二度。地在赤道南,则以表北为倒景,算法同。

第五,随地、随节气,求昼夜刻各几何。凡昼夜时刻,随地各有长短,皆以极出地多寡为准。极出地度分少,则二至昼夜刻所差亦少。度分多,所差亦多。如顺天府北极出地四十度,则夏至昼长五十九刻零七分,夜长三十六刻零八分。高州府北极出地二十二度,则夏至昼长五十四刻,夜长四十二刻矣(每时八刻,每日九十六刻)。今历注夏至昼长五十九刻,夜四十一刻。此是洪武间所定应天府昼夜刻分也。正统己巳历,夏至昼六十一刻,夜三十九刻。此则青州府诸地,北极出地三十七度之昼夜刻也(《大统历》日百刻)。岳文肃以为从古所无,亦未是。此法惟郭守敬得之,但须随地用仪表测验。今作此仪,似足小补郭氏之阙。

以上盘地平线,加于下盘本地南北极出入地度数,视地平线加本日节气线上,得地平线以上几何刻即昼刻,以下所余刻即夜刻。

假如顺天府北极出地四十度,以上盘地平线加于下盘南极以上第四十度,则地平以上是顺天府所见浑天半体,即见北极出地四十度。南极入地四十度,即见顺天府天顶线,在北极以上五十度。即见赤道离天顶线亦四十度,即见地平线斜络诸节气线上。所加得夏至为极长,冬至为极短。

今欲知夏至曰昼夜刻几何，则视地平线与夏至线相加处，向上数得二十九刻十一分，是从日出至午正初刻数。加一倍，得五十九刻零七分，为本日昼刻。所余三十六刻零八分，为本日夜刻也。又欲知冬至昼夜刻，则视地平线与冬至线相加处，向上数之，所得与夏至昼夜数正相反，则夏至昼刻，即冬至夜刻，夏至夜刻，即冬至昼刻也。又欲知立夏、立秋昼夜刻各几何，依前法，数得二十八为半日刻。加倍，得五十六为昼刻。所余四十刻，为夜刻也。又欲知立春、立冬昼夜刻，依前法，数得与立夏立秋昼夜正相反，即昼夜刻数亦相反也。又欲知春秋分昼夜刻几何，依前法，数得二十四刻，倍之，得四十八为昼刻。所余四十八为夜刻，昼夜平也。

第六，随地、随节气，求日出入时刻。凡日出日入时刻亦随地不同，《大统历》夏至，日出寅正四刻，日入戌初初刻，亦洪武间应天府所测日出入时刻。顺天府夏至，日出寅正二刻，日入戌初二刻。若用此仪，亦随地可指掌得也。

依第五法，上、下盘相加，视地平线加某时刻分，即得日出入时刻。

假如顺天府北极出地四十度，依法相加，即盘中所见地平线以上，皆日出后时刻。地平线以下，皆日入后时刻。今欲知夏至日出时刻，视地平线与夏至线相加处为寅正二，即夏至日出时刻。是日日轨依夏至线上行，至午复回，至本处为戌初二，即日入时刻。又欲知谷雨、处暑日出入时刻，依前法，得卯初一刻少，日出；得酉正二刻太，日入也。又欲知春分、秋分日出入时刻，依前法，得卯正初刻日出，酉正初刻日入，为昼夜平。

第七，论三殊域昼夜寒暑之变。三殊域者，一极北，谓北极之下；一极南，调南极之下；一南北之中，谓赤道之下。凡迤南迤北渐近二极之下，有一日全为昼，一日全为夜者，有一月、二月为昼夜者。正当二极之下，即半年为昼，半年为夜。独赤道之下，终古昼夜常平。此昼夜之变也。其寒暑，则二极下皆极寒，赤道下极热。又普天之下皆一年而冬夏一周，独赤道之下，一年而冬夏再周。此寒暑之变。今用此仪，悉可究陈也。

依第五法，上下盘相加，视地平线以上时刻即昼，以下即夜。赤道之下，日行天顶皆夏，日行南北皆冬。

假如地平线加于北极出地六十七度,盘中地平线以上,全见夏至线上十二全时,全不见冬至线上十二全时,即彼处夏至日昼长九十六刻,无夜。夏至日以后,节线渐入地平线下,渐有夜,至秋分而平,夜渐长。至冬至,夜长九十六刻,无昼。冬至日以后,节线渐出地平线上,渐有昼。至春分而平也。又如地平线加于北极出地七十度,盘中地平线以上,全见小满、芒种、夏至、小暑、大暑。五节线上十二全时,全不见小雪、大雪、冬至、小寒、大寒五节线上十二全时,即彼处小满以后至夏至全见日轮斜行地上三十日。夏至至大暑,亦全见日轮斜行地上三十日。凡六十日,全为昼。至大暑以后,节线渐入地平线下,渐有夜,至秋分而平,夜渐长。小雪以后至冬至,日轮斜行地下三十日,冬至至大寒亦斜行地下三十日。凡六十日,全为夜。至大寒以后,节线渐出地平线上,渐有昼,至春分而平也。又凡日出入地十八度内,皆为朦胧时刻。故此地虽大暑以后渐有夜,小满以前尚有夜,其实大暑至处暑,谷雨至小满,此两月中,夜亦常明。其时夜极短,皆为黄昏昧爽,时刻故也。又如地平线加北极出地九十度,盘中北极在天顶线上,以赤道为地平,地平线以上,全见春分至秋分。日行赤道北,半年中十二全时全不见秋分至春分。日行赤道南,半年中十二全时,即此地当春分日,便见日半轮周行地平之上,以后渐高。至夏至,周行于地平之上二十三度半强。以后渐下,至秋分日,亦见半日轮周行地平之上。此半年全为一昼秋分,以后渐下入地,至冬至周行于地平之下二十三度半强。以后渐高,至春分,复见半日轮周行地平之上。此半年全为一夜。其自春分以前,一月为昧爽。秋分以后,一月为黄昏也。若赤道之下,南北二极,平出地上,以极线为地平,赤道为天顶,盘中地平线以上,全见各节线。及时刻线之半,不论是何节气,恒得日出后四十八刻,日入后四十八刻。终古昼夜常平也。其寒暑,则普天之下,恒由天顶近日而得暑,天顶远日而得寒。今以天顶线加于二极线,日躔恒在下,最近,亦六十六度半弱,故二极下极寒。以天顶线加于赤道线,日躔恒在上,最远,亦二十三度半强,故赤道下极热也。又赤道之下,以赤道为天顶,故春分日行赤道,正居天顶,为夏。日行渐北,迄夏至而极,为冬。却回至秋分,行赤道,正居天顶,复为夏。日行渐南,迄冬至而极,复为冬矣。亦缘天下寒暑,视日远近。彼中日远近,岁二周,故寒暑亦岁二周。不以一岁为二岁者,日复于次,而成岁不在寒暑也。

或闻一年为一昼夜,不信也。愚闻之西国人,彼亲所经历,无足疑者。近检《元史》,郭守敬《四海测验》二十七所内云:北海、北极,出地六十五度,夏至昼八十二刻,夜一十八刻。又检《唐书》,载贞观中,骨利幹国献马使云:其国在京师西北二万余里,夜短昼长,从天色暝时煮羊足,才熟而东方已曙。即此二端,亦足征北土有极长极短昼夜矣。第元人所至,止于北海,未至六十五度以北,故夜尚有十八刻。骨利幹所居,亦未至六十六度半弱,故夜尚有一两刻,可煮羊髀。若更北渐短,必至无夜。又更北,北极在天顶,必至一年为一昼夜。试就此仪论之,其理不得不然。若骨利幹国夜短昼长,是彼中夏至暨冬至,必反而昼短夜长,如其刻数。而史书不言,则传说未尽也。世间耳目未经,而理之所是不得不信否者。彼北极下人,又肯信吾以百刻为昼夜哉?即骨利幹使者归,说唐朝昼夜刻数,彼国人必有不信者。所谓彼我异观,更相笑也。

或问:元人测得北海北极出地六十五度,夏至昼八十二刻,夜一十八刻。今用此仪测得六十五度,夏至昼独八十四刻,夜止一十二刻,何也?曰:《授时历》周天三百六十五度四分度之一,西历三百六十度,则北海地分,止六十四度。《授时》日百刻,西历九十六刻,今此仪测得北海六十四度,夏至昼得八十刻少弱,夜得十五刻太强,两测互算,正相合矣。

第八,随地随节气,求日出入之广几何。春分、秋分日,日行赤道一线之上,其出入处,是赤道与地平线之交,谓之天元卯酉。春分以后,日出入渐北,至夏至而极,复南。秋分以后,日出入渐南,至冬至而极,复北。其南北之广,随地不同。独赤道之下,广止二十三度半强。其自赤道南北,渐速渐广,故随地有各节气。日出入之广,其欲用此法,何也?凡营度,必正方面。正方面之法,今时多用罗经。罗经针锋所止,非子午正线,罗经自有正针处。身尝经历在大浪山,去中国西南五万里。过此以西,针锋渐向西。过此以东,针锋渐向东。各随道里,具有分数。至中国,则泊于丙午之间矣。其所以然，自有别论。今欲得正子午线，亦有转用之法。但针体微细，难得真确。不如《周礼》土圭及钦天监简仪正方案所得方面为准。若用此仪，先知本地本日日出入去、天元卯酉几何度。候日出，量取，即天元卯酉。依卯酉，作垂线，得子午。

依第五法，上下盘相加，视地平线下直应度分，值本日节气线得几何度，即所求。

假如顺天府，北极出地四十度，欲知冬至、夏至日出入之广，依前法，视地平线上直应度分，加于夏至节气线，得三十一度，即夏至日出入处，离天元卯酉以北度分也。即以南三十一度，是冬至日出入，离天元卯酉度分也。总南北为六十二度，是冬夏二至，日出入之广。又欲知谷雨、处暑、雨水、霜降四日日出入之广，依前法得十五度，即知谷雨、雨水两日日出入在天元卯酉南十五度，处暑、霜降两日日出入在天元卯酉北十五度也。又如北极出地六十七度，依法测冬至、夏至日出入之广，得九十度也。

第九，随地随节气用极出入度，求午正初刻日轨高几何度分。

依第五法，上下盘相加，从地平线所加起算，历周天度分，数至本节线上得几何度分，即所求。

假如顺天府，北极出地四十度，欲知冬至、夏至、春分日各午正初刻，日轨高几何度分，依前法，以地平线加南极入地四十度上，从四十一度起算，数至冬至节线，得二十六度半，即是日午正初刻日高度也。至春分节线，得五十度，至夏至节线，得七十三度半，即各日午正初刻日高度也。又如广东肇庆府，北极出地二十三度半强，依法测得冬至日午正初刻，日高四十三度；夏至日午正初刻，日高九十度，即是日日中无影。又如高州府，北极出地二十二度，依法测得夏至日午正，日轨过天顶而北，其行度反低于小暑、芒种，则午正初刻，从北地平线上起算，数得八十八度半，为日高度，即是日日中有倒景，在表南。而小暑、芒种两日，俱日中无景。

第十，日晷。日晷候时，凡二大支，数十百种，别有成书备论。今用此仪，径可随地随时取景，得目下时刻。亦有用此候时，而旁借他法者，自具他法中。

依第一法，测得目下日轨高几何度分。次依第五法，上下盘相加。次依日晷线所值日高度分，平行，视本日节气线所值刻线，即目下时刻。若日晷线不值日高度分，即别用一直线，依日高度分与日晷线为平行取之。若不用日晷线，即以日高度分之半弦为度，与天顶线平行，以一界抵地平，一界抵日高度分，依地平线平行取之。

假如顺天府冬至日，测得乍前日高二十度。次以地平线加于北极出地四十度，依日晷线平行，或日晷平行线平行，或用他度与地平平行，从日高二十度平行至冬至节线上值已正初刻少，即所求。又如应天府清明后五日，测得午后日高十八度，次以地平线加于北极出地三十二度，依法平行至本日节线上值申正一刻，即所求。

第十一，随地随节气，求日交天顶线在何时刻。天顶线者，从天元卯酉上至天中，当人之顶为本地平分天体、南北之界限也。大约北极出地地面，春分以后，日出入于天元卯酉北，日中仍在天顶南。故春分以后、秋分以前，日轨行度，日两交于天顶线。但东交渐迟，西交渐早，各至夏至而极耳。用此，可逐日测得天元卯酉以正方面，亦可随地于向北墙上造作日晷，令画日景线，止于日景所至。

依第五法，上下盘相加，视天顶线加某时刻，即所求。

假如顺天府，北极出地四十度，欲知清明、白露两日，日交天顶线在何时刻。依法，视天顶线与本节线相交于卯正二刻、酉初二刻，即是日早、晚日交天顶时刻也。又欲知夏至日日交天顶时刻，依法，测得辰正初刻、申正初刻也。因是可知，顺天府面北墙上，清明、白露两日卯正二刻以前，酉初二刻以后，日光照及也。夏至日，则辰正初刻以前，申正初刻以后，日光照及也。又欲知广东肇庆府北极出地二十三度半强，夏至日日交天顶线时刻，依法，测得在午正初刻，则是日日光，尽日皆照北墙，其向南墙上，直至日中，微有日光也。又依法测得满剌伽国在赤道下，北极、南极皆与地平，则春分以后，秋分以前，半年日照北墙；秋分以后，春分以前，半年日照南墙也。

第十二，论地为圆体。

用地平线、天顶线加于下盘周天度数，展转推论，可证地圆之义。

地本圆体，其居天中，不过一点。一点者，无分数可论也。今仪中乃作半虚半实者，缘地面辽阔，人居地上，目力所及，止得天体之半，故以半虚半实为隐见之象。凭之测验，非地体实能掩天体之半也。论其实理，则盘心轴略可指为地体。今欲证地圜之义，试如有人居满剌伽国，正当赤道之下。此人当见南北二极，俱与地平，即以上盘地平线，加于下盘极线，其天顶线，上当赤道，下抵轴心，是此人屹立满剌伽地面之象。次令此人北行二百五十里，当见北极出地一度，南极入地一度，即以地平线南印北低，令两极出入地各一度。其地平线北转一度，天顶线亦北转一度。是人北行二百五十里之象。若行二千五百里，即转十度；二万二千五百里，即转九十度。随其所至，人恒如天顶线立，恒以足抵轴心。故地如轴心，当为圜体，乃得每行二百五十里而更一度，为平差也。其天顶线依轴心环转一周，即人环行地球一周之象。若地是平体，居于天半，即如此仪将地平线实黏下盘极线，不令旋转，即满剌伽国人行至北地尽处，亦宜常见南极。行至南地尽处，亦宜常见北极。今顺天府既见北极出地四十度，将地平线实黏下盘四十度上，顺天府人，虽行至南地尽处，亦宜常见北极出地四十度。奈何南行二百五十里而少一度，北行二百五十里而多一度耶？若言地体本平，因去极有远近，故见有差殊，则天体之大，难作是说。即如其说，亦应作长短差，不宜作平差。既为平差，必由地球本圜，人循球而行，故南北二极，随而渐次隐见。今用此仪地平线，展转象之，于义无爽也。

第十三，论各地分表景不同。《两仪玄览图刻》所云某一带天下有几般景，图中未究其说，今略用此仪解之。

用上盘地平线、天顶线展转加于下盘周天度数，可推立表取景，随地不同。若赤道之下，南北极各与地平，其地有三种景。若南北极各出地初度以上，至未及二十三度半强者，其地有四种景。正当二十三度半强者，亦有三种景。若二十三度半强以上，至九十度者，其地有二种景。若在九十度左右者，则有无穷景。

凡立表取景，必卓立地平线之上，与地平为直角。若天顶线也，日在东则表景西，日在南则表景北。今如法推满剌伽国正当赤道之下立表取景,即以地平线加于极线,以天顶线准表,即春分以后、秋分以前各节气,日出入俱在天顶线北,知此地日景俱在表南,为第一种景。秋分以后、春分以前各节气,日出入俱在天顶线南,知此地日景俱在表北,为第二种景。春分、秋分日,日出入正当天顶线上,知此地日出景在表西,日入景在表东,日中无景,为第三种景也。又如法推南北极各出地初度以上至未及二十三度半强者,假如广州府,北极出地二十三度,立表取景,即以地平线加于本度,以天顶线准表,即春分以前、秋分以后各节气,日出入俱在天顶线南,知此地日景俱在表北,为第一种景。芒种以后、小暑以前,日出入俱在天顶线北,知此地日景俱在表南,为第二种景。春分以后、芒种以前,小暑以后、秋分以前,日出入交于天顶线,依前第十一法推求时刻,即此地早交以前,晚交以后,日景在表北。早交以后,晚交以前,日景在表南,为第三种景。芒种小暑日,日出入在天顶线北,日中正当天顶线上,知此地日中以前、以后,景皆在表南。日正中,则无景,为第四种影也。又如法推南北极各出地二十三度半强者,假如肇庆府,北极出地二十三度半强,立表取景,即以地平线加于本度,以天顶线准表,即春分以前、秋分以后,亦同广州府,景在表北,为第一种景。春分以后、夏至以前,夏至以后、秋分以前,亦同广州府论日交天顶线,早晚,景在表北。早交后,晚交前,景在表南,为第二种景。夏至日,日出入在天顶线北,日中正当天顶线上,知此地日中以前、以后,景在表南,日正中,则无景,为第三种影也。又如法推二十三度半以上至九十度者,假如顺天府,北极出地四十度,立表取景,即以地平线加于本度,以天顶线准表,即春分以前、秋分以后,亦同广州府,景在表北,为第一种景。春分以后、秋分以前,亦同广州府论日交天顶线,早晚,景在表北,早交后,晚交前,景在表南,为第二种景也。其在九十度左右,日周行地面,则表末之景,当在日躔对冲天上,为无穷景。

下编

撰　著

测量异同

1　点校说明

　　《测量异同》，署"吴淞徐光启撰"。明刻本《测量异同》独立成篇，但和《测量法义》同一板式，同时刊刻。"法义""异同"，测量二书，本为一种。徐光启将中西算学比较之内容，单独撰述，成此《测量异同》。李之藻编辑《天学初函》时，《测量异同》并不单列，作为《测量法义》的附录。《四库全书总目提要》述《天学初函》中各书之关系，称"《测量异同》，实自为卷帙，而目录不列，盖附于《测量法义》也"。《四库全书》将《测量异同》分列，《四库全书总目提要》将《测量法义》一卷、《测量异同》一卷和《勾股义》一卷，共三卷(均两江总督采进本)，一并列述。

　　《测量异同》之撰述方法如清人总结，乃"取古法《九章》勾股测量，与新法相较，证其异同，所以明古之测量法虽具，而义则隐也"(《四库全书总目提要》)。《测量异同》就汉代《九章》等书中的测量法，将其中隐含的数学原理，通过和西学比较，彰显出来。《测量异同》固应单列，因其涉及与汉代"古法"之比较，是利玛窦"西学"之引申，为徐光启个人作品。《徐光启著译集》据《周髀井田记》所收之《测量异同》明刻本影印，为本次标点之底本。

李天纲

二〇一〇年十一月

2　测量异同

《九章算法·勾股篇》中,故有"用表""用矩尺""测量"数条,与今译《测量法义》相较,其法略同,其义全阙,学者不能识其所繇。既具新论,以考旧文,如视掌矣。今悉存诸法,对题胪列,推求同异,以俟讨论。其旧篇所有,今译所无者,仍补论一则,共为《测量异同》六首,如下。

第一题（与前篇第四题同）

以景测高

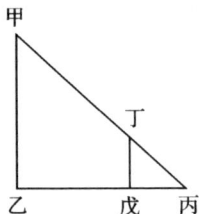

欲测甲乙之高,其全景乙丙,长五丈。立表于戊,为丁戊,高一丈。表景戊丙,长一丈二尺五寸。以表与全景相乘,得五万寸为实。以表景百二十五寸为法除之,得甲乙高四丈。

此旧法与今译同。

第二题（与前篇第十题同）

以表测高

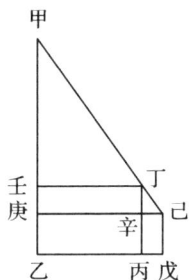

欲测甲乙之高,去乙二十五尺,立表于丙,为丁丙,高一丈。却后五尺,立于戊,使目在己。戊至己,高四尺。视表末丁,与甲为一直线。次以丁丙表高十尺,减目至足丁辛四尺,得表目之较辛丙六尺,以乘乙丙二十五尺,得百五十尺为实。以丙戊五尺为法除之,得三十尺,加表十尺,得甲乙高四十尺。

此旧法以甲壬丁为大三角形,以丁辛己为小三角形。今译以甲庚己为大三角形,丁辛己为小三角形,其实同法同论。何者?甲壬与壬丁,若甲庚与庚己也(六卷四)。

第三题（与前篇第八题同）

以表测深

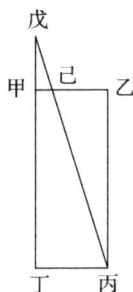

甲乙丙丁井,欲测深。其径甲乙五尺,立一表于井口,为戊甲。高五

尺,从戊视丙,截甲乙径于己。甲至己,得四寸。次以井径五尺,减甲己四寸,存己乙四尺六寸,以乘戊甲五尺,得二千二百寸为实。以甲己四寸为法除之,得井深五丈七尺五寸。

此旧法以戊甲己为小三角形,己乙丙为大三角形。今译当以戊甲己为小三角形,戊丁丙为大三角形,其实同法同论。何者? 戊丁与丁丙,若丙乙与乙己也(一卷卅四可推)。

第四题(与前篇第十题后法同)

以重表兼测无远之高、无高之远

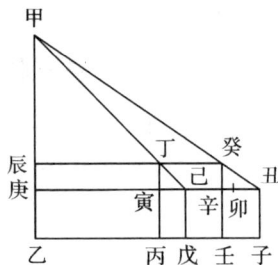

欲于戊测甲乙之高,乙丙之远。或不欲至,或不能至,则用重表法,先于丙立丁丙表,高十尺。却后五尺,立于戊,目在己。己戊高四尺,视表末丁与甲为一直线。次从前表却后十五尺,立一癸壬表于壬,亦高十尺。却后八尺,立于子。去壬八尺,其目在丑,丑子亦高四尺。从丑视癸甲,亦一直线。次以表高十尺减足至目四尺,得表目较癸辛或丁寅六尺,与表间度癸丁或壬丙,十五尺。相乘,得九十尺为实。以两测所得己寅、丑辛相减之较卯辛三尺(此较旧名景差,今名两测较),为法除之,得三十尺。加表高十尺,得甲乙高四十尺。若以两测所得之小率丙戊五尺,与表间度癸丁或壬丙十五尺,相乘,得七十五尺为实。以卯辛三尺为法除之,即得乙丙远二十五尺。

此旧法测高,以癸辛或丁寅与辛卯,偕甲辰与等壬丙之丁癸,为同理之比例。今译以癸辛或丁寅与辛卯,偕甲庚与等戊子之己丑,为同理之比例(旧用壬丙表间也,今用戊子,距较也),其实同法同论。何者? 甲辰与辰丁,若甲庚与庚己也。辰丁与丁癸,若庚己与己丑也(六卷四)。平之,则甲辰与丁癸,若甲庚与己丑也。

补论曰:旧法以重表测远,则卯辛与等丙戊之己寅之比例,若等壬丙之癸丁与等乙丙之丁辰。何者?甲辰癸、癸辛丑为等角形(六卷卅二),即丑辛、癸辰为相似边(六卷四)。甲辰丁、丁寅己为等角形,即己寅、丁辰为相似边。是丑辛与癸辰,若己寅与丁辰也(六卷四)。更之,则丑辛与己寅,若癸辰与丁辰也。今于丑辛减己寅之度,存卯辛。于癸辰减丁辰,存癸丁,则卯辛与己寅,若癸丁与丁辰也(所减之比例等,所存之比例亦等)。

第五题(与前篇第十四题同)

以四表测远

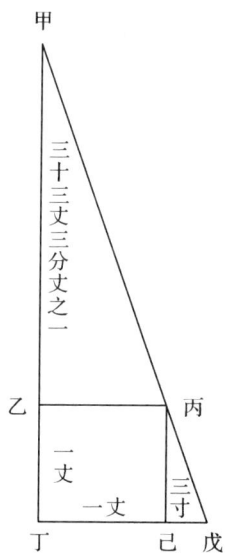

欲测甲乙之远,于乙上立一表。次于丙、己、丁上,各立一表,成乙丙己丁直角方形。每表相去一丈,令丁、乙二表与甲为一直线。次于己表之右戊上,视丙表与甲为一直线,戊己相去三寸。次以乙丙、乙丁相乘,得一万寸为实。以戊己三寸为法除之,得甲乙高三十三丈三分丈之一。

此旧法与今译同。

第六题(与前篇第十题后法同理)

以重矩兼测无广之深,无深之广(稍改旧法以从今论)

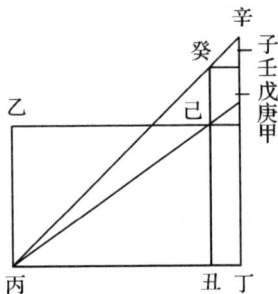

有甲乙丙丁壁立深谷,不知甲乙之广,欲测乙丙之深,则用重矩法。先于甲岸上,依垂线,立戊甲己句股矩尺。甲己句长六尺,从股尺上,视句末己与谷底丙,为一直线,而遇戊甲股于庚。庚甲高五尺。次于甲上,依垂线取壬。壬去甲一丈五尺,于壬上依垂线,更立一辛壬癸句股矩尺,壬癸句亦长六尺。从股尺上视句末癸,与谷底丙为一直线,而遇辛壬股于辛,辛壬高八尺。次以前股所得庚甲五尺,与两句间壬甲十五尺,相乘,得七十五尺为实。以两股所得庚甲、辛壬相减之较辛子三尺,为法除之,即得乙丙深二十五尺。若以句六尺与两句间十五尺,相乘,得九十尺为实。以辛子三尺为法除之,即得甲乙之广三十尺。

测深论,作癸己丑直线,与本篇第四题《重表测远·补论》同。测远论,与前篇第十题《重表测高》论同。

勾股义^①

1 点校说明

《勾股义》,署"吴淞徐光启撰",按徐光启《勾股义序》,"自余从西泰子译得《测量法义》,不揣复作勾股诸义,即此法底里洞然,于以通变施用,如伐材于林,挹水于泽",则利徐合作《测量法义》之后,徐光启单独写作《勾股义》。《勾股义》有明刻本,曾收入李之藻编《天学初函》。《四库全书》据两江总督采进本加以抄录。上海市文物管理委员会编《徐光启著译集》时,据《周髀井田记》所收之该书明刻本加以影印。此次据《徐光启著译集》本排印点校。《周髀井田记》之《勾股义》本,刊刻徐光启为本书所作之"叙曰"一段文字。"叙曰"之后,又有一起装订而不明作者的《勾股》之抄本。《徐光启著译集》编者判断《勾股》"是孙元化'删为正法十五条'的初稿",并在《勾股义》后附录,比较妥当,此因之。

在《勾股义序》中,"徐光启曰:《周髀》勾股者,世传黄帝所作,而经言

---

① 本书中编者行文及点校者文字均用"勾股",徐光启文字均保留"句股"的写法。——编者注

庖牺,疑莫能明也。然二帝皆用造历,而禹复借之以平水土。盖度数之用,无所不通者也。"徐光启以为勾股是周公问于商高,所传为庖牺之大法,治历理水,"无所不通",故应为经学之根本。事实上,勾股学问自汉代以后被儒者轻忽,几乎沦为"绝学"。徐光启翻译《几何原本》,力图借"西学"之"几何",推动"汉学"之"勾股"复兴,达成明代学术的新高度。《勾股义》即引《几何原本》之"义",诠释古代"勾股"之"法"。此所谓"欲求超胜,必须会通;会通之前,先须翻译"。《四库全书总目提要》评论《勾股义》,称其"取古法《九章》勾股、测量与新法相较,证其异同,所以明古之测量法虽具,而义则隐也。然测量仅勾股之一端,故于三卷则专言勾股之义焉",亦属同一看法。

李天纲

二〇一〇年十一月

2 句股义序

《周髀算经》曰:"昔者周公问于商高,曰:'窃闻乎大夫善数也,请问古者庖牺立周天历度,夫天不可阶而升,地不可尺寸而度,请问数从安出?'商高曰:'数之法出圆于方。圆出于方,方出于矩,矩出于九九八十一。故折矩以为句广三,股修四,径隅五。既方之外,半其一矩,环而共盘,得成三四五两矩,共长二十有五,是谓积矩。故禹之所以治天下者,此数之所生也。'"汉赵君卿注曰:"禹治洪水,决流河,望山川之形,定高下之势,除滔天之灾,释昏垫之厄,使东注于海而无浸溺,乃句股之所由生也。"又曰:"观其迭相规矩,共为反覆,互与通分,各有所得。然则统叙群伦,弘纪众理,贯幽入微,钩深致远。故曰其裁制万物,惟所为之也。"

徐光启曰:《周髀》句股者,世传黄帝所作,而经言庖牺,疑莫能明也。

然二帝皆用造历,而禹复借之以平水土,盖度数之用,无所不通者也。后世治历之家代不绝,人亦且增修递进。至元郭守敬若思,十得其六七矣,亡不资算术为用者,独水学久废,即有专门名家,代不一二人,亦绝不闻以句股从事。仅见《元史》载守敬受学于刘秉忠,精算数水利,巧思绝人。世祖召见,面陈水利六事。又陈水利十有一事。又尝以海面较京师至汴梁定其地形高下之差。又自孟门而东循黄河故道,纵广数百里间,各为测量地平,或可以分杀河势,或可以灌溉田土,具有图志。如若思者,可谓博大精深,继神禹之绝学者矣。胜国略信用之,若通惠会通诸役仅十之一二。后其书复不传,实可惜也。

至乃溯其为法,不过句股测量变而通之,故在人耳。又自古迄今,无有言二法之所以然者。自余从西泰子译得《测量法义》,不揣复作句股诸义,即此法底里洞然,于以通变施用,如伐材于林,挹水于泽,若思而在,当为之抚掌一快已。方今历象之学,或岁月可缓,纷纶众务,或非世道所急。至如西北治河,东南治水利,皆目前救时至计。然而欲寻禹绩,恐此法终不可废也。有绍明郭氏之业者,必能佐平成之功。周公岂欺我哉?

句股遗言,独见于《九章》中,凡数十法,不出余所撰正法十五条。元李冶广之作《测圆海镜》,近顾司寇应祥为之分类释术,余欲为说其义未遑也。其造端第一论,则此篇之七亦略具矣。《周髀》首章《九章》,句股之鼻祖。甄鸾、李淳风辈为之重释,颇明悉,实为鼻算术中古文第一。余故为采撷要语,弁诸篇端,以俟用世之君子不废刍荛者。其图注见他本为节解,至于商高问答之后,所谓荣方问于陈子者,言日月天地之数,则千古大愚也。李淳风驳正之,殊为未辨。若《周髀》果尽此,其学废弗传,不足怪。而亦有近理者数十语,绝胜浑天家,余尝为雌黄之,别有论。

3　句股义

句股,即三边直角形也。底线为句,底上之垂线为股,对直角边为弦。句股上两直角方形并与弦上直角方形等,故句三股四,则弦必五(一卷四七注)。从此可以句股求弦,句弦求股,股弦求句(一卷四七注)。可以求句股中容方容圆,可以各较求句求股求弦,可以各和求句求股求弦,可以大小两句股互相求。可以立表求高深广远,以通句股之穷;可以二表四表求极高深极广远,以通立表之穷。其大小相求及立表诸法,《测量法义》所论著略备矣。句股自相求以至容方容圆、各和各较相求者,旧《九章》中亦有之,第能言其法,不能言其义也。所立诸法,芜陋不堪读,门人孙初阳氏删为正法十五条,稍简明矣。余因各为论撰其义,使夫精于数学者揽图诵说,庶或为之解颐。

第一题

句股求弦

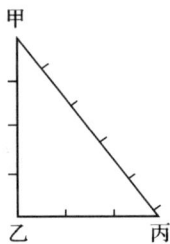

法曰:甲乙股四,乙丙句三,求弦。以股自之得十六,句自之得九,并得二十五为实。开方得甲丙弦五。

第二题

句弦求股

法曰:如前图,乙丙句三,自之得九。甲丙弦五,自之得二十五。相减,得较十六。开方,得甲乙股四。

第三题

股弦求句

法曰:如前图,甲乙股四,自之得十六。甲丙弦五,自之得二十五。相减得较九,开方得乙丙句三。

已上三论,俱见一卷四十七题(凡言"某卷某题"者,皆引《几何原本》为证。下同)。

第四题

句股求容方

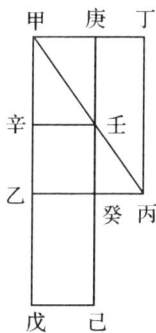

法曰:甲乙股三十六,乙丙句二十七,求容方。以句股相乘为实,并句股得甲戊六十三为法,除之,得容方辛乙、乙癸各边,俱一十五四二八。

论曰:甲乙三十六,乙丙二十七,相乘得九百七十二以为实,即成甲乙丙丁直角形。次以甲乙、乙丙并得六十三为法,即成甲戊线。除实,得戊己边十五四二八,即成甲戊己庚直角形,与甲乙丙丁形等(六卷十六)。而己庚边,截乙丙句于癸,甲丙弦于壬,即成乙辛壬癸满句股之直角方形。何者?甲乙丙丁与甲戊己庚,两形互相视,即甲乙与甲戊,若乙癸与乙丙(六卷十五)。分之,即甲乙与乙戊若乙癸与癸丙。是甲乙与乙丙,亦若乙癸与癸丙也(乙丙乙戊元等)。又甲辛与辛壬,若壬癸与癸丙(六卷四)。更之,即甲辛与壬癸,若辛壬与癸丙也。而辛乙与壬癸等,乙癸与辛壬等,则甲辛与辛乙,若乙癸与癸丙矣。夫甲乙与乙丙,既若乙癸与癸丙,而甲辛与辛乙,又若乙癸与癸丙,则甲乙与乙丙亦若甲辛与辛乙,而乙辛壬癸为满句股之直角方形(六卷十五增题)。

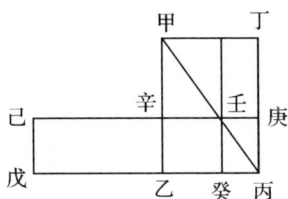

又简论曰:如前图,以甲乙戊为法而除甲丙实,既得甲庚戊己,各与方形边等。今以等甲乙戊之丙乙戊为法,而除甲丙实,得庚丙、戊己,亦各与方形边等,则辛乙癸壬为直角方形。

第五题

余句、余股,求容方,求句,求股

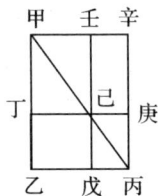

法曰:甲丁余股七百五十,戊丙余句三十,求丁乙戊己容方边。以丙戊、甲丁相乘,得二万二千五百为实。开方,得容方乙丁、丁己各边俱一百五十。加余股,得股九百。加余句,得句一百八十。

论曰:甲丁、戊丙,相乘为实,即成己壬辛庚直角形,与丁乙戊己为甲丙角线形内之两余方形等(一卷四三)。而壬己与己戊,偕丁己与己庚,为互相视之边(六卷十四),故己壬辛庚之实,即丁乙戊己之实。开方,得丁乙戊己直角方形边。

又论曰:甲丁与丁己,既若己戊与戊丙(六卷四之系),即方形边,当为甲丁、戊丙之中率(六卷卅三之十五增题)。今列甲丁七百五十,戊丙三十,而求其中率之数。其法以前率比后率,为二十五倍大之比例。二十五开方得五,则中率当为五倍之比例,甲丁七百五十,反五倍得一百五十。一百五十反五倍,得丙戊三十,则方形边一百五十,为甲丁、丙戊之中率(六卷界说五)。

第六题

容方与余句,求余股;与余股,求余句

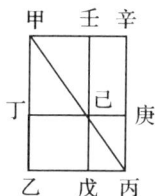

法曰:容方乙丁、丁己各边,俱一百五十。戊丙余句三十,求甲丁余股。以容方边自之为实,以余句为法除之,得甲丁余股七百五十,以容方与余股求余句法同。

论曰:如上论,两余方形等实,故以等己庚之丙戊除之,得等壬己之甲丁。

又论曰:方形边,既为甲丁、戊丙之中率(六卷卅三之十五增题),即方形边自乘为实。以戊丙除之,得甲丁。以甲丁除之,得戊丙(六卷十七)。

第七题

句股求容圆

法曰:甲乙股六百,乙丙句三百二十,求容圆。以句股相乘得一万九千二百,倍之,得三万八千四百为实。别以句股求弦,得甲丙弦六百八十(本篇一),并句股弦为法。除实,得容圆径乙子二百四十。

论曰:甲乙股、乙丙句相乘,即甲乙丙丁直角形。倍之,为实,即丙丁戊己直角形。求得甲丙弦,并句股,得一千六百。于甲乙线引长之,截乙庚与句等,庚辛与弦等,得甲辛,为弦和和线,以为法。除实,得辛壬边二百四十,即成甲辛壬癸直角形,与丙丁戊己形等(六卷十六),而壬癸边截乙丙句于子,次从子作子丑寅乙直角方形,即此形之各边皆为容圆径。曷名为"容圆径"也?谓于甲乙丙三边直角形内,作一圆,其甲丙弦,截子丑寅乙直角方形之卯辰线,与乙子、子丑、丑寅、寅乙诸边,皆为切圆线也。则何以显此五边之皆为切圆线乎?试于甲乙丙形上,复作一丙午未直角三边形,交加其上,其午丙与乙丙等,未午与甲乙等,未丙与甲丙等,即两形必等(一卷廿二可推)。次依丙午未直角,作午申酉戌直角方形,与乙子丑寅直角方形等。次于戌酉线引之至亥，又成甲戌亥直角三边形，以甲为同角，交加于甲乙丙形之上，亦以午申、酉戌为容圆径。次于亥戌、寅丑两线引之，遇于乾，又成乾寅亥直角三边形，以亥为同角，交加于甲乙丙形之上，亦以乙子、丑寅为容圆径。次作丙兑线，遇诸形之交加线于离、于兑，次作甲震线，遇诸形之交加线于巽、于震，次作亥辰线，遇诸形之交加线于坎、于辰，次作未干线，遇诸形之交加线于艮、于卯，而四线俱相遇于坤。夫午丙与乙丙两线等，而减相等之午戌、乙子，即戌丙与子丙必等。丙离同线，丙戌离、丙子离，又等为直角。戌离丙，子离丙，又俱小于直角，即丙离戌、丙离子，两三角形必等，而两形之各边、各角俱等(六卷七)，则丙兑线，必分甲丙未角为两平分矣(一卷九)。又子离与戌离，两边既等(本论)，子离震、戌离卯两交角又等(一卷十五)，卯戌离、震子离又等为直角，即卯离戌、离震子之各边、各角俱等，而两形亦等(一卷廿六)。又子离与离戌两边既等，离卯与离震两边又等(本论)，即子卯与戌震两边亦等。子丑与戌酉，各为相等之直角方形边，必等。而各减相等之子卯、戌震，其所存卯丑、震酉必等。丑卯辰、坎震酉两角，又各为离卯戌、离震子相等角之交角，必等。辰丑卯、震酉坎，又等为直角，即卯丑辰、震酉坎之各边、各角俱等，而两形亦等(一卷廿六)。依显午巽辰与坎艮乙之各边、各角俱等，而两形亦等。巽寅兑与兑艮申之各边、各角俱等，而两形亦等。又子丙、戌丙之数各八十，乙子、戌午各二百四十，以诸率分数论之，则丑卯、酉震各九十，丑辰、坎酉各四十八，卯辰、坎震各一百〇二(算见《测圆海镜》之句股步率)，则减丑卯之卯子，必一百五十也。卯子股一百五十，丙子句八十，以求卯丙弦，则一百七十也(本篇一)。次减丙戌八十，即卯戌亦九十也。丑辰卯、卯戌离两三角形之辰丑卯、离戌卯，既等为直角，丑卯辰、戌卯离两交角又等，丑卯与戌卯复等，即两形必等，而其各边、各角俱等(一卷廿六)。依显子离震与震酉坎两形亦等，依显诸形之交角者皆相等，其连角如酉亥坎、乙亥坎两形亦等，而子离、离戌，皆四十八也，则酉坎、坎乙亦皆四十八也，亥酉、亥乙皆八十也。子乙与戌酉等，子丙与酉亥复等，则乙丙与戌亥必等。而甲为同角，甲乙丙、甲戌亥又等为直角，则甲乙丙、甲戌亥之各边、各角俱等，而两形亦等（一卷廿六）。甲亥与甲丙既等，各减相等之丙戌、乙亥，又减相等之乙寅、戌午，即甲寅与甲午必等。夫甲巽午、甲巽寅两形之甲寅、甲午既等，甲巽同线，甲午巽、甲寅巽又等为直角，即两形必等，而各边、各角俱等（六卷七），是甲震线必分丙甲亥角为两平分也（一九卷）。甲乙丙一形内，既以丙兑线分甲丙乙角为两平分，又以甲震线分丙甲乙角为两平分，而相遇于坤，则以坤为心，甲乙为界作圜，必切乙子、子丑、丑寅、寅乙、卯辰五边，而为甲乙丙直角三边形之内切圜，即乙丑直角方形之各边为容圆径（四卷四）。展转论之，则各大直角三边形内之分角线，皆分本角为两平分，皆遇于坤。而坤心圜为各形之内切圜，即两直角方形边为各句股形内之容圆径。

又法曰：甲乙股六百，乙丙句三百二十，并得九百二十，与甲丙弦六百八十相减，亦得乙子二百四十。

论曰：如前论，诸大句股形之分余句，俱八十。诸句股和与诸弦相减之较，亦俱八十，则初分句二百四十，为诸形之容圆径。

第八题

句股较求股求句

法曰：甲丙弦四十五，甲乙股、甲丙句之较，为甲丁九，求股、求句。以弦自之，得二千〇二十五，倍之，得四千〇五十，较自之，得八十一，以减两弦幂，存三千九百六十九为实，开方得句股和六十三，加较九，得七十二，半之，得三十六，为甲乙股减较，得二十七为乙丙句。

论曰:弦幂为甲戊直角方形,倍之为己丙直角形。较幂为甲庚直角方形,与甲辛等。相减,即得减甲辛形之己辛丙磬折形也。今欲显己辛丙磬折形开方而得句股和者,试察甲丙上直角方形,与甲乙、乙丙上两直角方形并等(一卷四七),即甲戊一弦幂内有一甲乙股幂、一乙丙句幂也。己丙两弦幂内,有两甲乙幂、两乙丙幂也。故以己丙为实,开方即得丑辰直角方形。其丑寅与卯辰两形,两股幂也;丙壬与癸子两形,两句幂也。而丑寅、卯辰之间,则重一等甲辛之卯寅形,减之,即丑辰直角方形与己辛丙磬折形等矣。乙丙为句,丙丑与甲乙等,故乙丑边,即句股和也。若于乙丙句加甲丁较,即与甲乙股等,故甲乙、乙丙、甲丁并,半之为甲乙股,以甲丁较减甲乙股,为乙丙句。

第九题

句弦较求句求弦

法曰:甲乙股三十六,乙丙句甲丙弦之较为甲丁十八,求句求弦。以股自之,得一千一百九十六,较自之,得三百一十四。相减,存九百七十二为实,倍较为法,除之得二十七为乙丙句,加较,得四十五为甲丙弦。

论曰:股幂为甲戊直角方形,较幂为丁庚直角方形,与辛癸等。相减存甲壬戊磬折形为实,次倍甲丁较线为乙寅线以为法,除实即得乙子直角形,与甲壬戊磬折形等。何者?乙子直角形,加一等较幂之乙丑直角方形,成子卯癸磬折形,即与股幂之甲戊直角方形等也。又何者?甲丙弦幂之甲辰直角方形内,当函一句幂、一股幂(一卷四七),试于甲辰形内截取丁庚较幂之外,分作庚未、未午、午丁三直角形,其甲庚、申未、酉戌三线各与甲丁较线等,庚申、未戌、未辰、午酉四线各与等乙丙句之丁丙线等。夫未酉、酉戌并,与句等;即申未、未酉并,亦与句等。而庚申、未辰,各与句等,即庚未、未午两形并为句幂,而丁庚、午丁两形并为股幂矣。丁戌、戌酉,两较也;乙卯、卯寅,亦两较也。而丁丙与乙丙元等,即丁乍、乙子两形等,丁庚与乙丑两形又等,即丁庚、午丁并,与子卯癸磬折形等。而子卯癸磬折形,与股幂之庚戌形等,此两率者,各减一等,较幂之辛癸、乙丑形,即乙子直角形,与甲壬戊磬折形等。

又法曰:股自之,得一千一百九十六为实,以句弦较十八为法除之,得句弦和七十二,加较,得九十,半之,得弦四十五,减较,得句二十七。

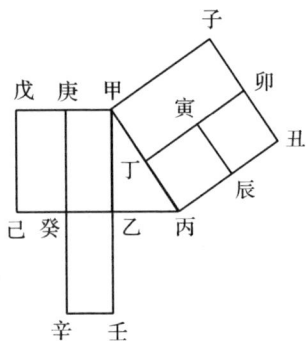

论曰:股幂为甲己直角方形,以较而一,为甲辛直角形,即得甲壬边,与乙丙、丙甲句弦和等。何者?甲丙弦幂之甲丑直角方形内,当函一股幂,一句幂(一卷四七),试于甲丑形内,截取子卯、丑辰边,各与甲丁较线等,即卯丑、辰丙俱与等乙丙句之丁丙线等。而作甲卯、卯辰、辰丁三直角形,其辰丁形之四边,皆与句等。句幂也,即甲卯、卯辰两形,当与股幂等,亦当与甲辛形等。而甲庚、卯寅,皆较也;甲子,弦也;卯丑,句也,则甲辛形之甲壬边,与句弦和等。

第十题

股弦较求股求弦

法曰:乙丙句二十七,甲乙股、甲丙弦之较为丙丁九,求股、求弦。以句自之,得七百二十九,较自之,得八十一,相减得六百四十八为实。倍较为法,除之,得甲乙股三十六。加较,得甲丙弦四十五。

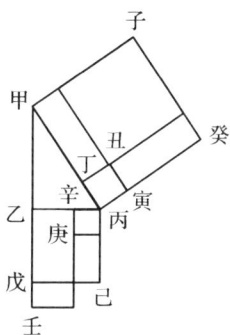

论曰:句幂为乙己直角方形,较幂为丙丑直角方形,与丙庚等。相减存乙庚己罄折形为实,次倍丙丁较线为乙辛线,以为法,除实即得辛壬直角形,与乙庚己罄折形等,而乙壬边与甲乙股等。何者?甲丙弦幂之甲癸直角方形内,当函一句幂、一股幂(一卷四七)。试于甲癸形内,截取丙丑较幂之外,分作甲丑、丑癸、丑子三直角形,即丑子与股幂等,而丙丑、甲丑、丑癸三形并,当与句幂等。次各减一相等之丙丑、丙庚,即甲丑、丑癸并,与乙庚己罄折形等,亦与辛壬直角形等。辛乙与寅丑、丑丁并等,即乙壬与甲丁或寅癸等,亦与甲乙等。

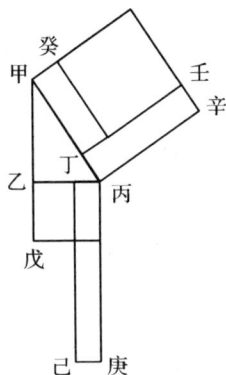

又法曰:句自之,得七百二十九为实,以较,为法除之,得股弦和八十一。加较,得九十。半之,得弦四十五。减较,得股三十六。

论曰:句幂为丙戊直角方形,似较而一,为丙己直角形,即得丙庚边,与甲乙、甲丙股弦和等。何者?甲丙弦幂之甲辛直角方形内,当函一股幂,一句幂(一卷四七),试于甲辛形内依丙丁较,截作丁辛、丁癸、癸壬三直角形,即癸壬形与股幂等。而丁辛、丁癸两形并,当与句幂等,亦与丙己直角形等。夫壬辛、甲癸、己庚皆较也,而甲丁与股等,丙辛与弦等,即丙庚与股弦和等。

第十一题

句股和求股求句

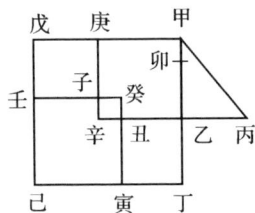

法曰:甲丙弦四十五,甲乙、乙丙句股和六十三,求句、求股。以弦自之,得二千〇二十五。句股和自之,得三千九百六十九,相减得一千九百四十四。复与弦幂相减,得八十一。开方得句股较甲卯九。加和,得七十二。半之,得甲乙股三十六。减较,得乙丙句二十七。

论曰:以句股和作甲丁一直线,自之为甲己直角方形。此形内函甲辛、癸己两股幂,乙寅、庚壬两句幂,而甲辛、癸己之间,重一癸辛直角方形。夫甲丙弦之幂,既与句股两幂并等(一卷四七),以减甲己形内之甲辛、乙寅两形,即所存戊辛寅磬折形,少于弦幂者,为癸辛形矣。乙辛,股也;乙丑,句也;则丑辛,较也。

第十二题

句弦和求句求弦

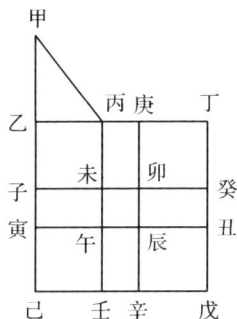

法曰:甲乙股三十六,乙丙、甲丙句弦和七十二,求句、求弦。以股自之,得一千一百九十六,句弦和自之,得五千一百八十四。相减,得三千八百八十八。半之,得一千九百四十四为实。以和为法除之,得乙丙句二十七。以减和,得甲丙弦四十五。

论曰:以句弦和作乙丁一直线,自之为乙戊直角方形。次用句弦度相减,取丙、庚两点,从丙、从庚、作庚辛、丙壬二平行线,依此法作癸子、丑寅二平行线,即乙戊一形中,截成丙子、丑辛、丁卯、午己句幂四,庚未、辰壬、癸辰、未寅,较句矩内直角形四,卯午较幂一也。今欲于乙戊全形中,减一甲乙股之幂,则于卯己弦幂内(一句一较并为弦)存午己句幂,而减子午辛磬折形,即股幂矣。何者?卯己弦幂内,当函一句幂、一股幂也(一卷四七)。又庚未与未寅等,即庚壬形,亦股幂也。以庚壬形代磬折形,即丁辛、丙己两形为和幂与股幂之减存形也。半之,即丙己形。以等句弦和之乙己除之,得乙丙句。

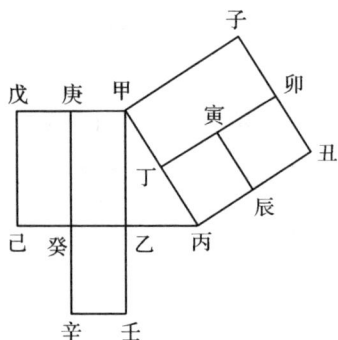

又法曰:股自之,得一千一百九十六。以句弦和七十二为法除之,得十八为句弦较。加句弦和得九十。半之,得四十五。为弦减较,得二十七为句。

此法与本篇第九题又法同论。

第十三题

股弦和求股求弦

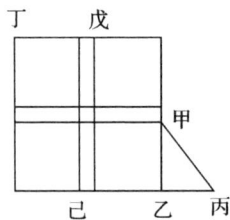

法曰:乙丙句二十七,甲乙、乙丙股弦和八十一,求股求弦。以句自之,得七百二十九。股弦和自之,得六千五百六十一,相减得五千八百三十二。半之,得二千九百〇十六为实。以和为法,除之,得甲乙股三十六。以减和,得甲丙弦四十五。

论曰:乙丁和幂内之戊己,句幂也。余论同本篇十三题。

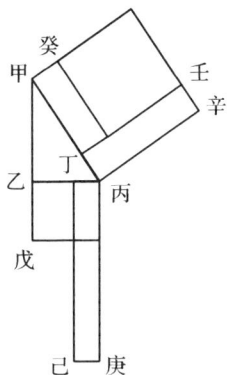

又法曰:句自之,得七百二十九。以股弦和八十一为法除之,得九,为股弦较,加股弦和,得九十。半之,得四十五,为弦。减较,得三十六,为股。

此法与本篇第十题又法同论。

第十四题

股弦较句弦较求句求股求弦

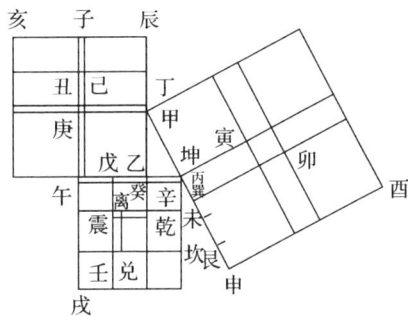

法曰:甲乙股、甲丙弦较二,乙丙句、甲丙弦较九,求句、求股、求弦。以二较相乘,得十八。倍之,得三十六为实。平方开之,得六,为弦和较。加句弦较九,得甲乙股十五。加股弦较二,得乙丙句八。以句弦较加句或股弦较加股,得十七,为甲丙弦。

论曰:股弦较甲丁二,自之,得四。为己庚直角方形,句弦较乙戊九,自之,得八十一,为辛壬直角方形。两幂并得八十五,以二减九得七,即句股较。自之,得四十九,为乾兑直角方形。元设两较互乘,为癸戊、子丑两直角形,并得三十六。以三十六减八十五,亦得四十九。何以知?癸戊、子丑三十六为实,开方得六之寅卯直角方形边,则弦和较也。凡直角三边形之弦幂,必与句股两幂并等(一卷四七)。甲乙丙既直角形,则甲乙、乙丙两幂并,必与甲丙幂等。今于甲乙股加甲辰弦,丙乙句加乙午弦,甲丙弦加丙未句、未申股,各作一直线。以此三和线作一三边形(一卷廿二),即甲申上之甲酉直角方形,必不等于丙午上之丙戊直角方形、乙辰上之乙亥直角方形并,而此不相等之较,必句股较幂之四十九也。何者?若于甲酉、丙戊、乙亥三直角方形,各以元设句、股、弦分之,即甲酉形内,有弦幂一,股幂一,句幂一,股弦矩内形二,句弦矩内形二,句股矩内形二,而乙亥形内,有弦幂一,股幂一,股弦矩内形二。丙戊形内,有弦幂一,句幂一,句弦矩内形二。次以甲酉内诸形与乙亥、丙戊内诸形相当相抵,则甲酉内存句股矩内形二。丙戊或乙亥内,存弦幂一。次以此两存形相当相抵,则一弦幂之大于两句股矩内形,必句股较幂之四十九也。何者?一弦幂内,函一句幂,一股幂。今试如上图,任作一甲乙弦幂,其乙丙为句幂,则丁丙戊磬折形必与股幂等。乙己为股幂,则丁己戊磬折形必与句幂等。次以乙庚、辛壬两句股矩内形,辏乙角,依角旁两边,纵横交加于弦幂之上,即得句股之较幂丙己,而丙乙上重一句幂。次以所重之句幂,补其等句幂之丁己戊磬折形,则甲乙弦幂之大于乙庚、辛壬两句股矩内形,必丙己句股较幂矣。故知向者乙亥或丙戊内与甲酉内两存形之较,必句股较幂之四十九也。则乙亥、丙戊两形并,其大于甲酉形,亦句股较幂之四十九也。今于辛壬

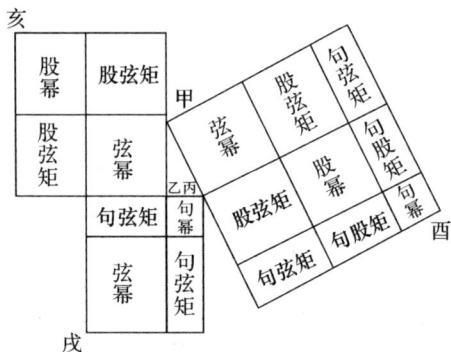

较幂内减句股较幂四十九之乾兑直角方形,其所存乾离、震兑两余方形及离震、己庚两直角方形并,必与癸戊、子丑两形并等。次以癸戊、子丑两形开方为寅卯形,则减寅卯之甲酉形,与减辛壬之丙戌形减己庚之乙亥形并,必等。而减寅卯之甲酉形内,元有弦幂如甲寅者四;有弦偕寅卯形边矩内形如寅巽者四。减辛壬之丙戌形内,元有句幂如丙辛者四;有句偕句弦较矩内形如辛坎者四。减己庚之乙亥形内,元有句幂如己辰者四,有股偕股弦较矩内形如甲己者四。今以四弦幂,当四句幂、四股幂(一卷四七),则甲己、辛坎两形并,必与寅巽形等。甲丙与巽申,等弦也。丙申,句股和也。则两弦间等寅卯形边之丙巽,不得不为弦和较矣。既得丙巽六为弦和较,即以元设两较相加,可得句股弦各数也。何者? 巽申,弦也;巽艮,句弦较也。艮申,句也;丙申,句股和也。于丙申句股和减艮申句,则丙巽加巽艮之丙艮,股也。丙甲,弦也。丙坤,股弦较也。坤甲,股也。巽甲,句股和也。于巽甲句股和,减坤甲股,则巽丙加丙坤之巽坤,句也。次以巽艮加艮申或丙坤加坤甲,则弦也。

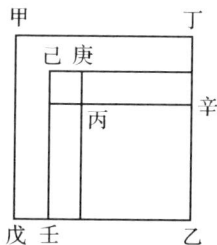

第十五题

句弦和股弦和求句求股求弦

法曰:甲丙、乙丙,句弦和七十二,甲乙、甲丙,股弦和八十一,求句、求股、求弦。以两和相乘,得五千八百三十二。倍之,得一万一千六百六十四为实,平方开之,得弦和和一百〇八。以股弦和减之,得乙丙句二十七。以句弦和减之,得甲乙句三十六。以句股和减之,得甲丙弦四十五。

甲

乙　丙　丁

| 句弦矩 | 弦幂 | 句弦矩 | 弦幂 |
| 句股矩 | 股弦矩 | 句股矩 | 股弦矩 |

戊

己

句弦矩	股弦矩	弦幂
句股矩	股幂	股弦矩
句幂	矩弦句	句弦矩

庚

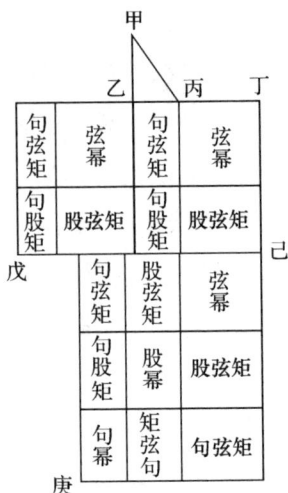

论曰:两和相乘,为乙己直角形。倍之,为丁戊直角形。以为实,平方开之,得己庚直角方形,与丁戊等,即其边为弦和和者。何也? 丁戊全形内,有弦幂二。股弦矩内形,句弦矩内形,句股矩内形,各二。与己庚全形内诸形比,各等。独丁戊形内,余一弦幂;己庚形内,余一句幂、一股幂,并二较一,亦等(一卷四七)。即己庚方形之各边,皆弦和和。

4　附　录

叙曰:始作《周髀句股》者,颂称黄帝,而经言庖羲,疑莫能明也。然《管子》书称伏羲作九九之数,以合天道,则经言质矣。夫二帝开天,皆用造历,而禹复借之以平水土,规井田,盖度数之用无所不通者也。后世治历之家,代不绝人,亦且增修递进。至元郭太史守敬,十得其六七矣。亡不资算术为用者,独水学久废,即有专门名家,代不一二人,亦绝不闻以句股从事。仅见《元史》载:守敬受学于刘秉忠,精算数水利,巧思绝人,世祖召见,面陈水利六事,又陈水利十有一事,又尝以海面较京师至汴梁,定其地形高下之差。又自孟门而东循黄河故道,纵广数百里间,各为测量地平。或可以分杀河势,或可以灌溉田土,具有图志。如太史者,可谓博大精深,继神禹之绝学者矣。胜国略信用之,若通惠会通诸役,仅十之一二。后其书复不传,实可惜也。至乃溯其为法,不过句股测量变而通之,故在人耳。又自古迄今,第言二法,未有言二法之所以然者。

自余从西泰子译得《几何原本》,始能说句股义。不敏复传测量诸义,即二法底里洞然,从此可以句股求弦,句弦求股,股弦求句,可以求句股中容方容圆,可以各较求句求股求弦,可以各和求句求股求弦,可以大小两句股互相求。可以立表求高深广远,以通句股之穷;可以二表四表求极高深极广远,以通立表之穷纵横致用,左右咸宜。犹之伐材于林,挹水于泽,太史而在,当为之抚掌一快已。

方今历象之学,或岁月可缓,纷纶众务,或非世道所急,若水利田功,乃国家救时至计,六府之修也。其解在水三事之和也,其本在谷。王者以民为天,民以食为天,粒食以水土为天。茫茫禹甸,缵遗服而疆理之,恐此法终不可废也。有绍明郭氏之业者,必能佐平成之功。周公岂欺我哉?夫井田肇自黄帝,弘于大禹,备于周公,总三圣人之裁成,即《周髀》之源流可具睹矣。其书《商高问答》一章,句股测量之鼻祖。君卿、淳风辈图注明悉,实为算术家古文第一,余故表而出之,且为论撰二义,以广其术,著其用。俟天下万世之君子,睹《河》《洛》而勤明德之思者。

句 股

句股即直角三边形(一卷界说廿六)也。宜线为句,宜上垂线为股,对直角边为弦。句股上两直角方形并与弦上直角方形等(一卷四七)。故句股各自之并之,即为弦幂;平方开之,得弦。故句三,股四,弦五。三之幂为九,四之幂为十六,并之为二十五,而二十五即五之幂。从此可以句股弦互相求,可以各差、各和自相求;可以小求大,可以两小求一大测。

句股求弦(一卷四十七之四增)

句三自之得九,股四自之得十六,并之得二十五。平方开之得五,即弦。

句弦求股(一卷四十七之四增)

句六自之得三十六,弦十自之得一百。以三十六减一百,较得六十四。平方开之得八,即股。

股弦求句(一卷四十七之四增)

股十二自之得一百四十四,弦十五自之得二百二十五。以一百四十四减二百二十五,较得八十一。平方开之得九,即句。

句股求容方(六卷十五增)

句二十七,股三十六,乘之得九百七十二,并之得六十三。以六十三分九百七十二,得一十五又六十三分二十七之一,为容方径。

余句余股求句求股求容方

余句三十,余股七百五十,乘之得二万二千五百。平方开之,得一百五十,为容方径。加余句得一百八十,即句。加余股得九百,即股。

容方余句求余股

余句三十,容方径一百五十。以一百五十自之,得二万二千五百。以三十分之,得七百五十,为余股。

容方余股求余句

余股八十,容方径六十。以六十自之,得三千六百。以八十分之,得四十五,为余句。

句股弦求容圆(四卷四)

句二十七,股三十六,弦四十五。句股乘,得九百七十二。又倍之,得一千九百四十四。以句股弦之并一百零八,分之得一十八,为容圆径。

又法:句股并得六十三,以弦减之,较得一十八,即容圆径。

句股差求句求股

已得弦四十五,今止言句股差九,则以差幂八十一减弦幂二千二十五,较得一千九百四十四。又加弦幂,共得三千九百六十九。平方开之,得句股和六十三。加差共得七十二,两平分之得三十六,即股。减差得二十七,即句。

句弦差求句求弦

已得股三十六,今止言句弦差十八,则以差幂三百二十四减股幂一千一百九十六,较得九百七十二。以差十八之倍三十六分之,得二十七,即句。加差得四十五,即弦。

又法:以差十八,分股幂一千一百九十六,得七十二,为句弦和。加差得九十,两平分之,得四十五,即弦。减差得二十七,即句。

股弦差求股求弦

已得句二十七,今止言股弦差九,则以差幂八十一减句幂七百二十九,较得六百四十八。以差九之倍十八分之,得三十六,即股。加差得四十五,即弦。

又法:以差九,分句幂七百二十九,得八十一,为股弦和。加差得九十,两平分之,得四十五,即弦。减差得三十六,即股。

句股和求句求股

已得弦四十五,今止言句股和六十三,则以弦幂二千二十五,减和幂三千九百六十九,较得一千九百四十四,以较又减弦幂,得八十一。平方开之得九,为句股差,加和,得七十二。两平分之,得三十六,即股。减差得二十七,即句。

句弦和求句求弦

已得股三十六,今止言句弦和七十二,则以股幂一千一百九十六减和幂五千一百八十四,较得三千八百八十八。以和之倍一百四十四分之,得二十七,即句。以句减和得四十五,即弦。

又法:以和分股幂得一十八,为句弦差。加和,得九十,两平分之,得四十五,即弦。减差得二十七,即句。

股弦和求股求弦

已得句二十七,今止言股弦和八十一,则以句幂七百二十九,减和幂六千五百六十一,较得五千八百三十二。以和之倍一百六十二分之,得三十六,即股。以股减和得四十五,即弦。

又法:以和分句幂,得九,为股弦差。加和得九十,两平分之,得四十五,即弦。减差,得三十六,即股。

句弦差股弦差求句求股求弦

止言句弦差九,股弦差二,乘之得一十八。又倍之,得三十六。平方开之,得六,为句股和弦差。加句弦差九,得一十五,即股。加弦股差二,得八,即句。以句弦差加句或股弦差加股,得一十七,即弦。

句弦和股弦和求句求股求弦

总言句弦和二十五,股弦和三十二,乘之得八百。又倍之,得一千六百。平方开之,得四十,为句股弦和。减股弦和,得八,即句;减句弦和得十五,即股;减句又减股,得一十七,即弦。

徐光启译事年表

1562 年

诞生于上海。

1581 年(20 岁)

金山卫应试,"补诸生高等"。

1597 年(36 岁)

顺天府应试,第一名举人。

1606 年

始译《几何原本》。

1607 年

《几何原本》译成并付刻。译述《测量法义》。

1608 年

校《几何原本》刻本。

1609 年

撰《测量异同》《勾股义》。

1611 年

译著《简平仪说》出版。二校《几何原本》刻本。

1612 年

译著《泰西水法》出版。二校《几何原本》刻本。

1617 年

译著《测量法义》与撰著《勾股义》出版。

1624 年

译著《灵言蠡勺》印于上海。

1629 年

与毕方济合译之《睡答》《画答》出版。

1630 年

李之藻辑刻《天学初函》,内含徐光启之译著《泰西水法》《几何原本》《简平仪说》《测量法义》《灵言蠡勺》与撰著《测量异同》《勾股义》等。

1632 年

四月四日,第三次进呈历书,共 30 卷,内含许多西方天文、历算、测量图书资料。

中華譯學館·中华翻译家代表性译文库

许　钧　郭国良／总主编

第一辑　　　　　　　第二辑

鸠摩罗什卷　　　　　徐光启卷

玄　奘卷　　　　　　李之藻卷

林　纾卷　　　　　　王　韬卷

严　复卷　　　　　　伍光建卷

鲁　迅卷　　　　　　梁启超卷

胡　适卷　　　　　　王国维卷

林语堂卷　　　　　　马君武卷

梁宗岱卷　　　　　　冯承钧卷

冯　至卷　　　　　　刘半农卷

傅　雷卷　　　　　　傅东华卷

卞之琳卷　　　　　　郑振铎卷

朱生豪卷　　　　　　瞿秋白卷

叶君健卷　　　　　　董秋斯卷

杨宪益　戴乃迭卷

图书在版编目(CIP)数据

中华翻译家代表性译文库. 徐光启卷 / 黎难秋
编. —杭州：浙江大学出版社,2023.4
ISBN 978-7-308-23399-6

Ⅰ.①中… Ⅱ.①黎… Ⅲ.①社会科学－文集 ②自然
科学－文集 ③徐光启(1562－1633)－译文－文集 Ⅳ.
①C53 ②N53

中国版本图书馆 CIP 数据核字(2022)第 243195 号

中华译学馆 题言真

中华翻译家代表性译文库·徐光启卷

黎难秋 编

出 品 人	褚超孚	
丛书策划	张　琛　包灵灵	
责任编辑	张颖琪	
责任校对	陆雅娟	
封面设计	闰江文化	
出版发行	浙江大学出版社	
	（杭州市天目山路 148 号　邮政编码 310007）	
	（网址:http://www.zjupress.com）	
排　　版	浙江时代出版服务有限公司	
印　　刷	杭州高腾印务有限公司	
开　　本	710mm×1000mm　1/16	
印　　张	15.5	
字　　数	280 千	
版 印 次	2023 年 4 月第 1 版　2023 年 4 月第 1 次印刷	
书　　号	ISBN 978-7-308-23399-6	
定　　价	88.00 元	